SCHÄFFER POESCHEL **myBook**

Ihr Online-Material zum Buch
Auf SP-myBook stehen Ihnen Übersichten, Übungen, Methodentipps und Vorlagen aus dem Buch zum Download zur Verfügung.

So funktioniert Ihr Zugang
1. Gehen Sie auf das Portal sp-mybook.de und geben den Buchcode ein, um auf die Internetseite zum Buch zu gelangen.
2. Oder scannen Sie den QR-Code mit Ihrem Smartphone oder Tablet, um direkt auf die Startseite zu kommen.

Den Link sowie Ihren Zugangscode finden Sie am Buchende.

Frauenkarrieren

Nicole Bischof/Sibylle Olbert-Bock/Abdullah Redzepi

Frauenkarrieren

Gezielte Gestaltung aus Unternehmens- und persönlicher Sicht

1. Auflage

Schäffer-Poeschel Verlag Stuttgart

Bibliografische Information der Deutschen Nationalbibliothek

Die Deutsche Nationalbibliothek verzeichnet diese Publikation in der Deutschen Nationalbibliografie; detaillierte bibliografische Daten sind im Internet über http://dnb.dnb.de/ abrufbar.

Print: ISBN 978-3-7910-5638-8   Bestell-Nr. 10842-0001
ePub: ISBN 978-3-7910-5639-5   Bestell-Nr. 10842-0100
ePDF: ISBN 978-3-7910-5641-8   Bestell-Nr. 10842-0150

Nicole Bischof/Sibylle Olbert-Bock/Abdullah Redzepi
Frauenkarrieren
1. Auflage, September 2022

© 2022 Schäffer-Poeschel Verlag für Wirtschaft · Steuern · Recht GmbH
www.schaeffer-poeschel.de
service@schaeffer-poeschel.de

Bildnachweis (Cover): © Mangostar, Adobe Stock

Produktmanagement: Dr. Frank Baumgärtner
Lektorat: Jutta Orth

Dieses Werk einschließlich aller seiner Teile ist urheberrechtlich geschützt. Alle Rechte, insbesondere die der Vervielfältigung, des auszugsweisen Nachdrucks, der Übersetzung und der Einspeicherung und Verarbeitung in elektronischen Systemen, vorbehalten. Alle Angaben/Daten nach bestem Wissen, jedoch ohne Gewähr für Vollständigkeit und Richtigkeit.

Schäffer-Poeschel Verlag Stuttgart
Ein Unternehmen der Haufe Group SE

Sofern diese Publikation ein ergänzendes Online-Angebot beinhaltet, stehen die Inhalte für 12 Monate nach Einstellen bzw. Abverkauf des Buches, mindestens aber für zwei Jahre nach Erscheinen des Buches, online zur Verfügung. Ein Anspruch auf Nutzung darüber hinaus besteht nicht.

Sollte dieses Buch bzw. das Online-Angebot Links auf Webseiten Dritter enthalten, so übernehmen wir für deren Inhalte und die Verfügbarkeit keine Haftung. Wir machen uns diese Inhalte nicht zu eigen und verweisen lediglich auf deren Stand zum Zeitpunkt der Erstveröffentlichung.

Vorwort

Warum auch immer Sie dieses Werk in den Händen halten, ob physisch als Buch oder auf Ihrem digitalen Lesegerät, ob Sie im Personalmanagement tätig sind, als Berater oder Beraterin Frauen in Karrierefragen unterstützen oder Ihre eigene Karriere aktiv gestalten möchten – wir hoffen, es bietet Ihnen Einblicke und Anregungen. Denn die Gestaltung weiblicher Karrieren ist ein gesellschaftsrelevantes Thema.

Mit diesem Buch versuchen wir einen Spagat zwischen der Personalentwicklung in Organisationen und dem individuellem Life Design bzw. der individuellen Karrieregestaltung. Wir liefern Erkenntnisse aus unserer jahrelangen Forschung und offerieren Methoden, die Sie als Leser oder Leserin selbst anwenden können. Um qualitative Methoden der empirischen Sozialforschung wie z. B. Experten-und Expertinneninterviews, Fokusgruppendiskussionen oder teilnehmende Beobachtung anzuwenden, müssen Sie nicht Forscher oder Forscherin sein. Wir geben Ihnen praxistaugliche Instrumente an die Hand, die Sie selbst einfach anwenden können.

In dieser Publikation wird eine geschlechtergerechte Sprache verwendet. Dort, wo das nicht möglich ist oder die Lesbarkeit stark eingeschränkt würde, gelten die gewählten personenbezogenen Bezeichnungen für alle Geschlechter.

Nicole Bischof, Sibylle Olbert-Bock und Abdullah Redzepi
St. Gallen, Juni 2022

Inhaltsverzeichnis

Vorwort 7

Einleitung 13

1	**Karriereplanung – der aktuelle Forschungsstand**	17
1.1	Karrieregestaltung aus der Perspektive von Organisationen	18
1.2	Karrieregestaltung als individuelle Aufgabe	24
1.3	Karriere, Karrieretypen und Zufriedenheit	25

Teil 1: Frauenkarrieren aus Organisationsperspektive 27

2	**Erfahrungen aus unterschiedlichen Karrierestadien**		29
2.1	Karrieretypen		30
	2.1.1	Karriereerwartungen und -zufriedenheit nach Lebensalter	34
	2.1.2	Frauenkarrieren ab der Lebensmitte	36
	2.1.3	Frauen, Karriere und Kinder	38
2.2	Aufstieg von Frauen ins Topmanagement		39
3	**Personalentwicklung und weibliche Karrieren in Organisationen**		45
3.1	Personalentwicklung durch Laufbahnplanung		46
3.2	Innovative Personalentwicklung und Frauenkarrieren		48
	3.2.1	Individuelle Personalförderung	48
	3.2.2	Sinnhaftigkeit statt Bonus	49
	3.2.3	Frauenquote: ja oder nein?	49
	3.2.4	Den Ausstieg aus dem Unternehmen verhindern	49
3.3	Career Building, Career Screening und »House of Careers«: Instrumente zur Förderung von (Frauen-)Karrieren ab 45		50
	3.3.1	Career Screening	51
	3.3.2	Mehr Karrierevielfalt durch »House of Careers«	53
3.4	Instrumente einer innovativen Personalentwicklung		54
	3.4.1	Fokus: Individuum	55
	3.4.2	Fokus: Unternehmen	59
	3.4.3	Beispielhafte Umsetzung in einer Pflegeorganisation	60
3.5	Fazit		62

4	Organisationale Konzepte für eine innovative Personalentwicklung	63
4.1	Erkenntnisse aus einer Befragung von Frauen	63
	4.1.1 Karrierezufriedenheit	63
	4.1.2 Gleichberechtigte Förderung	64
	4.1.3 Diskriminierungserfahrungen und Stigmatisierungen	66
	4.1.4 Veränderungswünsche und Employability	67
	4.1.5 Technisierung und Digitalkompetenzen	67
	4.1.6 Fazit	68
4.2	Innovative Personalentwicklung durch New Work – Förderung von Self-Leadership	68
	4.2.1 Self-Leadership als Voraussetzung für Empowering Leadership	70
	4.2.2 Self-Leadership als individualisierte Personalentwicklung	70

Teil 2: Frauenkarrieren aus situativer Perspektive 73

5	Berufliche Möglichkeiten für Frauen ab 45	75
5.1	Berufliche Entwicklung von Frauen, Älteren und älteren Frauen	77
5.2	Karriereentwicklung in Organisationen	79

6	Frauen im Topmanagement	81
6.1	Frauen in Verwaltungsräten: Der Besetzungsprozess bei kleinen und mittleren Unternehmen in der Schweiz	83
6.2	Neue Anforderungen an Führungsgremien	85
6.3	Die Bedeutung von Netzwerken und Kompetenzen bei der Personalauswahl	86
	6.3.1 Aufbau eines Netzwerks	87
	6.3.2 Frauen und ihre Netzwerke	87

7	Lebensplanung von Berufseinsteigerinnen	91

8	Frauenkarrieren mit Transitionen, Wendepunkten und Unterbrechungen	95
8.1	Motive für berufliche Veränderungen	96
8.2	Spezifische Laufbahnmuster	97
8.3	Karrierehindernisse und schwierige Arbeitsbeziehungen	99
8.4	Frauen fördern andere Frauen (nicht)	99

Teil 3: Frauenkarrieren aus individueller Perspektive 101

9	Individuelle Gestaltung von Frauenkarrieren	103

10	Lebenslinien: Exemplarische Karriereverläufe von Frauen	105
10.1	Anabelle, Personalleiterin und selbstständige Beraterin	105
10.2	Gerlinde, Theologin und Schulleiterin	106

10.3	Jana, Leiterin der Abteilung Kommunikation an einem Forschungsinstitut		107
10.4	Andrina, CEO einer Privatklinik		109
10.5	Tanja, Direktorin Digitale Strategie		110
11	**Lassen sich Frauenkarrieren planen?**		**113**
11.1	Laufbahncoaching		117
	11.1.1	Bedeutung, Aufbau und Ansätze der Karriereberatung	117
	11.1.2	Frauenspezifische Themen beim Laufbahncoaching	122
11.2	Women (back) to business		123
11.3	Die Rolle von Frauen in Gruppen		125
11.4	Life-Design: mehr als nur Karriere		126
12	**Career Coaching**		**129**
12.1	Das Dilemma des Karrierecoachings		129
12.2	Der Coaching Canvas		130
	12.2.1	Die drei Hauptbereiche des Canvas	130
	12.2.2	Warum funktioniert der Canvas?	132
12.3	Die Karriereanker nach Edgar Schein		133
	12.3.1	Entwicklung und Anwendung	133
	12.3.2	Auswertung und Interpretation	135
13	**Entwickeln Sie Self-Leadership!**		**137**
13.1	Self-Leadership in der modernen Arbeitswelt		137
13.2	Strategien des Self-Leadership		138
14	**Vergleiche, Role Models und Personae**		**141**
14.1	Interviewen Sie andere Karrierefrauen!		141
14.2	Vier Personae, die es bis in die Spitze von Unternehmen schaffen		142
14.3	Networking und Mentoring		144
15	**Ausblick**		**147**
15.1	Wie Organisationen die Karrieren von Frauen innovativer gestalten können		147
15.2	Warum weibliche Karriereplanung nicht nur ein Frauenthema ist		149
15.3	Wie Frauenkarrieren sich individuell gestalten lassen		149
15.4	Blick in die Zukunft		150

Inhaltsverzeichnis

Anhang mit Tools 153
1   Screening aus der Perspektive einer Organisation (Auszug) 155
2   Exemplarische Fragen für qualitative Interviews 159
3   Fragebogen zur Typenerhebung 160
4   Fragebogen zur Lebensgestaltung 162

Literaturverzeichnis 165
Stichwortverzeichnis 173
Das Autorenteam 175

Einleitung

Eines der beherrschenden Themen im Hinblick auf die Zukunftsfähigkeit von Unternehmen ist die Digitalisierung. Gleichzeitig ist die Gesellschaft in einem Umbruch, sodass die traditionellen Muster von Rekrutierung und Förderung aufseiten der Unternehmen sowie von Beruf und Privatem aufseiten von Individuen mehr und mehr an Tragfähigkeit verlieren.

Eine erfolgreiche Digitalisierung der Gesellschaft und der Wirtschaft setzt u. a. voraus, dass Organisationen alle verfügbaren Talente bestmöglich einsetzen und kombinieren. Immer wichtiger wird deshalb z. B., Menschen auch über das Rentenalter hinaus in Beschäftigungsverhältnissen zu halten (Jensen 2020) und damit Karrieren auch nach der Lebensmitte weiter zu unterstützen. Dies gilt in besonderer Weise mit Blick auf weibliche Talente.

Konzepte von Diversity legen über die reine Verfügbarkeit von Talenten hinaus nahe, dass die Vielfalt der Belegschaft genutzt werden sollte, um Innovationen voranzutreiben und Fähigkeiten zur Problemlösung zu optimieren. Zu diesem Zweck sollen die strukturellen und sozialen Bedingungen in Organisationen so gestaltet werden, dass sie allen Mitarbeitenden eine optimale Entwicklung und Entfaltung ermöglichen (Wondrak 2014; Gurtner 2021). Wichtig ist eine veränderte Sicht auf Personengruppen, die heute noch als Reserven des Arbeitsmarktes gelten und sich zu oft in prekär gestalteten Beschäftigungsverhältnissen aufhalten müssen.

Statt Diversity als sozialen Akt zu betrachten – was im Übrigen durch die 17 SDG (Sustainable Development Goals) der UNO nahegelegt wird und letztlich auch Überzeugungen aufrechterhalten bzw. festigen kann, auf deren Basis sich Diskriminierungen ereignen können –, ist es wichtig, endlich eine ehrliche, talentorientierte Sichtweise einzunehmen. Gerade am Begriff »Diversity« wird deutlich, wie Politiken und Strategien letztlich Überzeugungen aufrechterhalten bzw. festigen, auf deren Basis sich Diskriminierungen ereignen können. Dies ist wichtig für beide Seiten: Viele Unternehmen müssen sich den tatsächlichen und objektiven Nutzen aus der Beschäftigung von Frauen und Männern eingestehen, viele Frauen sich aus einer im Vergleich zu Männern bestehenden überkritischen Sichtweise lösen.

Das vorliegende Buch gliedert sich in drei Teile, die unterschiedliche Perspektiven einnehmen, von der Organisationsperspektive über situative Beobachtungen bis hin zu einer individuellen Perspektive. In allen drei Teilen werfen wir jeweils Fragen auf und bieten Konzepte sowie Methoden zur Bearbeitung dieser Fragen an, um einen Praxistransfer zu ermöglichen.

Im **ersten Teil** des Buches wird eine organisationale Perspektive eingenommen, um Unternehmen darin zu unterstützen, ihre expliziten und impliziten Personalpolitiken und -praktiken zu hinterfragen und zu erneuern. Mit der Darstellung von Erfahrungen, die Frauen zu verschiedenen Zeitpunkten ihrer Laufbahn gemacht haben, legen wir eine Basis für das Verstehen und

Ansatzpunkte für die Entwicklung von Frauenkarrieren. Es geht um die Frage: »Wie macht frau Karriere?« – bisher und in Zukunft.

Bei der Entstehung von Ungleichheit erweisen sich, bezogen auf verschiedene Diversity-Kriterien wie Geschlecht, Alter usw., grundlegende Mechanismen immer wieder als sehr ähnlich und als tief verankert. Sie entstehen im systemischen Zusammenwirken von Politiken, Strategien, Instrumenten, Verhalten und Überzeugungen. In einer selbstreferenziellen Reproduktionslogik erhalten nur Menschen, die zur herkömmlichen Organisationslogik passen, höhere Positionen, und ihnen wird mehr Einflussnahme als anderen ermöglicht (Naegele 2020). Oder aber »Vorzeigepersonen« sowie Menschen, die ihre Rechte zu überzeugt einklagen, was zu unangemessenen Bevorzugungen, Ablehnung und kontraproduktiven Polarisierungen führen kann. Unser Ziel ist es, die Elemente der Personalführung anzupacken, die die bestehende Reproduktionslogik vieler Organisationen immer wieder aufs Neue verfestigen und oft ungewollt immer wieder dazu führen, dass sich nicht wirklich etwas verändert. Den Schwerpunkt bildet der Bereich Karriere und Förderung. Konkret wird die Frage gestellt, wie eine Vielfalt an Entwicklungswegen bzw. lebenslangen Karrieren ermöglicht werden kann. Zu diesem Zweck ist flankierend die Beseitigung von Hemmnissen und Ungerechtigkeiten erforderlich, mit denen Individuen mit spezifischen demografischen Merkmalen zu kämpfen haben.

Der **zweite Teil** des Buches beleuchtet spezielle Situationen von Frauen, die in Organisationen tätig sind. Anhand von Fallbeispielen stellen wir dar, wie es Unternehmen gelingen kann, ihre Personal- und Förderpolitik gezielt zu erneuern, um späte Frauenkarrieren zu ermöglichen sowie Frauenkarrieren im Topmanagement zu gestalten. Aus dieser situativen Perspektive heraus betrachten wir den Zusammenhang von Lebensplanung und Berufseinstieg und stellen die Ergebnisse einer Studie vor. Schließlich betrachten wir Frauenkarrieren mit Transitionen und Wendepunkten und zeigen anhand einer qualitativen Studie Erkenntnisse auf, die Impulse für eine professionelle Bearbeitung des Themas »Frauenkarriere« bieten.

Im **dritten Teil** des Buches stellen wir Instrumente vor, die Frauen bei der Gestaltung ihrer eigenen Karriere unterstützen können. Hierfür nehmen wir eine individuelle Perspektive ein. Karrieren entwickeln sich immer in einem Wechselspiel von Kontext und eigenem Handeln und können nicht vom eigenen Lebenssystem abgekoppelt werden, weshalb wir den Life-Design Ansatz wählen, der auch die Karriereentwicklung beinhaltet. Auf träge Organisationen zu warten lohnt sich nicht, sondern es gilt, die eigene Karriere stets selbst im Blick zu behalten und zu steuern. Unter »Karriere« wird dabei die Gestaltung des eigenen Lebenswegs verstanden, der sich zwischen beruflichen und privaten Interessen entfaltet. Fallbeispiele aus der Beratungspraxis und Ergebnisse aus Studien dienen als Reflexionsfolie für das eigene Erleben, sollen das systematisieren, was gut ist, und das, was hinderlich sein kann, und dienen damit als Katalysator. Es werden Konzepte und Methoden vorgestellt, die zum Entwurf und zur Gestaltung der weiteren Karriere oder besser des Life-Designs, der Selbstanalyse und aktuellen Verortung sowie zur Planung der nächsten Schritte genutzt werden können.

Im letzten Kapitel wagen wir einen Ausblick, was noch alles zu tun bleibt, damit sich Organisationen und Einzelpersonen auf Augenhöhe begegnen und bei der künftigen Gestaltung von Frauenkarrieren in Gesellschaft und Wirtschaft als gemeinschaftliche Akteure auftreten können.

Schließlich finden Sie im Anhang einige der vorgestellten Instrumente zur Analyse von Organisationen. Wie gut sind Sie bereits aufgestellt, um Frauenkarrieren zu fördern? Des Weiteren enthält der Anhang Arbeitsblätter zur eigenen Karriereplanung.

1 Karriereplanung – der aktuelle Forschungsstand

Der Begriff »Karriere« (lat. Wagen, frz. Laufbahn, Rennbahn) wird in verschiedenen Wissenschaftsdisziplinen unterschiedlich verwendet. Jenseits des Alltagsverständnisses handelt es sich um einen analytischen Begriff, der verschiedene theoretische Konzepte beinhaltet, die in den Disziplinen unterschiedliche Forschungsperspektiven eröffnen (Danusien 2006). Während im allgemeinen Sprachgebrauch unter »Karriere« fast immer eine rasche Abfolge von Aufwärtsbewegungen in Organisationen verstanden wird, bedeutet der Begriff in der wissenschaftlichen Diskussion die Folge von objektiv wahrnehmbaren Positionen im Zeitablauf und umfasst damit auch Abwärts- und Seitwärtsbewegungen (Becker 1999, S. 384).

Allerdings wird im deutschen Sprachraum der Karrierebegriff relativ eng mit beruflichem Erfolg verbunden und bezeichnet den »sozialen Aufstieg einer Person durch die Übernahme höher bewerteter Funktionen in der hierarchisch gegliederten Organisation« oder aber den durch »soziale Mobilität ermöglichten Wechsel von niedrigeren zu höheren Stellen innerhalb eines gesamtgesellschaftlichen Rahmens« (Hermann 2004, S. 114). Im angloamerikanischen Raum ist hingegen das Verständnis von »career« weiter gefasst und wird meist mit »Laufbahn- und Berufsentwicklung« gleichgesetzt. Es umfasst die Abfolge verschiedener Berufspositionen und -rollen, die eine Person während ihres Lebens besetzt (Mayrhofer et al. 2002, S. 394).

Im Sinne einer umfassenderen Betrachtung von Karriere haben sich heute drei verschiedene Karrierebegriffe herauskristallisiert: die »aufstiegsorientierte Karriere«, die dem traditionellen Karrierebegriff entspricht, eine Vorstellung von Karriere als »Erwerbsarbeit im Zeitablauf« und das Verständnis von »Karriere als universelle[r] Lebensform« (Hermann 2004, S. 115).

Die Karriereforschung unterscheidet zudem zwischen objektiven und subjektiven Karrieren. Eine »objektive Karriere« beschreibt die Positionsabfolge im Arbeitsleben und damit den sichtbaren Teil der Karriere im Sinne einer vertikalen oder horizontalen Mobilitätsbewegung. Die Bewertung des Karriereerfolgs erfolgt unter objektiv nachvollziehbaren Kriterien wie etwa beruflichem Aufstieg, Hierarchieebene und Einkommen. Unter »subjektiver Karriere« wird die psychische Verarbeitung der eigenen Karriere verstanden, d. h. die individuelle Bewertung des eigenen Karriereerfolgs. Kriterien zur Beurteilung sind hier beispielsweise die eigene Karrierezufriedenheit oder die wahrgenommenen Karriereoptionen (Mayrhofer et al. 2002, S. 394f). Eine Karriere kann subjektiv als erfolgreich wahrgenommen, unter objektiven Erfolgskriterien jedoch als wenig erfolgreich eingestuft werden.

Karriereplanung kann einerseits aus Sicht des Individuums und andererseits aus Sicht der Unternehmung betrachtet werden. Für beide gilt, dass es sich bei der Karriereplanung um die gedankliche Vorwegnahme einer Stellenfolge handelt. Vor diesem Hintergrund wird eine Laufbahn als ein Entwicklungsprozess verstanden, der an der individuellen Abfolge von Teilschritten ablesbar ist, also den einzelnen Stellen im Lebenslauf (Eckardstein 1971, S. 15ff). Damit wird bereits auf dieser begrifflichen Ebene deutlich, dass Karriere- oder Laufbahnplanung als ein rationales Geschehen betrachtet wird, zu dem sowohl die Organisationen als auch das Individuum einen Beitrag zu leisten haben. Die Frage nach den Bedingungen des Karriereerfolgs wird daher in der Regel aus der Perspektive der Unternehmen und Einrichtungen oder aus der Perspektive von Individuen bzw. spezifischen Gruppen untersucht. Daher werden nachfolgend aktuelle Befunde aus beiden Perspektiven vorgestellt.

1.1 Karrieregestaltung aus der Perspektive von Organisationen

Laufbahn- und Karriereplanung beinhalten aus der Perspektive von Unternehmen[1] zwei zentrale Aufgaben: Zum einen geht es um die mittel- und langfristige Optimierung des Personaleinsatzes, indem Mitarbeiter und Mitarbeiterinnen möglichst passend den vorhandenen Stellenprofilen zugeordnet werden. Zum anderen wird die Karriereplanung als Instrument der Personalbindung und Personalentwicklung – gerade in Zeiten des Fachkräftemangels – zunehmend wichtiger.

Aus Unternehmensperspektive setzt Karriereplanung einen Vergleich des Qualifikationsprofils der Zielstelle mit dem Potenzial des/der Mitarbeitenden voraus, um Entwicklungsmaßnahmen strukturieren und Förderprogramme initiieren zu können. Je früher Schulabgänger/-innen, Absolventen und Absolventinnen sowie motivierte Mitarbeiter und Mitarbeiterinnen durch gezielte Employer-Branding-Aktivitäten für ein Unternehmen begeistert und an es gebunden werden können, umso größer sind die Chancen für eine langfristige produktive Zusammenarbeit (Schuhmacher/Geschwill 2009; Stotz/Wedel 2009).

Welche betrieblichen Anreize für die Personalbindung notwendig sind, ist Gegenstand verschiedener Erhebungen. Während aus Sicht der Human-Resource-Manager und -Managerinnen der Hauptgrund für eine hohe Fluktuation der Mitarbeitenden in fehlenden finanziellen Anreizen und Karrieremöglichkeiten liegt, bewerten Arbeitnehmende die finanziellen Aspekte als weniger wichtig. Wichtige Gründe für den Verbleib sind nach ihren Aussagen das soziale Umfeld, der Arbeitsinhalt und die Karriereentwicklungsmöglichkeiten. Damit entsteht die größte Loyalität zum Arbeitgeber bzw. zur Arbeitgeberin durch ein adäquates soziales Umfeld und die Einhaltung von Karriereversprechen. Insgesamt gesehen scheint die Karriereentwicklung die Dimension mit der stärksten Wirkung auf die Loyalität, den Verbleib und auch auf die Absicht, die Unternehmung zu verlassen, zu sein (De Vos/Meganck 2008).

Dies deutet darauf hin, dass aus Sicht der Unternehmen die Abstimmung zwischen den individuellen Karriereerwartungen und den angebotenen Karrierewegen eine zentrale Aufgabe darstellt. Dieser Befund ist jedoch im Kontext globalisierter und flexibilisierter ökonomischer Verhältnisse zu relativieren bzw. zu spezifizieren. Unter wachsendem Kostendruck und einer

---

1 Was Karrieregestaltung aus der Sicht von Organisationen bedeutet, wird am Beispiel von privatwirtschaftlich organisierten Unternehmen dargestellt. Die Erkenntnisse lassen sich auf NPOs und NGOs übertragen.

immer stärkeren Produkt- und Dienstleistungsdifferenzierung sind in den vergangenen Jahren die Anforderungen an die Flexibilität von Unternehmen gestiegen. In der Konsequenz müssen auch Belegschaften nach Bedarf und Kompetenzen flexibel angepasst werden können. Arbeitsverhältnisse sind dadurch in ihrem Fortbestand von einer zunehmenden Unsicherheit geprägt. Die kürzer werdenden Zyklen von Krise und Aufschwung treffen kleinere und mittlere Unternehmen noch stärker als große Organisationen. Der Wechsel von Kurzarbeit zu Mehrarbeit, aber auch der Wechsel vom Personalüberhang zu qualitativen und quantitativen Personaldefiziten sind bei KMUs besonders herausfordernd. Erschwerend hinzu kommen die demografische Entwicklung und der sich weiter ausdehnende Fachkräftemangel (Grossholz et al. 2012).

Vor diesem Hintergrund entwickelt sich seit einigen Jahren der Trend zur »atmenden Organisation«, wonach Mitarbeitende immer stärker entsprechend der Auftragslage rekrutiert und gehalten werden. Dieser Trend ist in der IT-Branche schon länger etabliert. Freelancer/-innen und Zeitarbeitnehmer/-innen werden häufig in Projekten eingesetzt, um einerseits die gewünschte Flexibilität zu erhalten und anderseits Know-how von außen zu internalisieren. Das bedeutet, dass Unternehmungen zunehmend mehr personalstrategische Entscheidungen treffen und die Belegschaft in sogenannte Rand- und Kernbelegschaft einteilen. Diese Zuteilung ist einerseits von den für den Unternehmungszweck notwendigen Schlüsselkompetenzen abhängig und andererseits von der schnellen Verfügbarkeit entsprechend qualifizierter Arbeitskräfte auf dem Arbeitsmarkt. Im Kontext der Karrieregestaltung bedeutet dieser Trend, dass die Bindungsbemühungen der Unternehmen zunehmend nur noch auf das eigene Schlüsselpersonal zielen. Gemäß Jochmann (2012) beschränkt sich die aktuelle Personalarbeit schwerpunktmäßig auf 10 bis 20 % der Kernbelegschaft. Dabei handelt es sich hauptsächlich um Mitarbeitende im Management und spezialisierte Fachkräfte.

Vor diesem Hintergrund wird diskutiert, inwiefern traditionelle organisationale Laufbahnen ihre Bedeutung als »Normalfall« einbüßen und die bisher stark von der Unternehmensseite geprägten und im öffentlichen Sektor sogar in formale Laufbahnen mündenden Werdegänge durch vom Individuum selbst gesteuerte sogenannte Boundaryless- oder Protean-Karrieremuster abgelöst werden (Arnold/Cohen 2008). Traditionelle Karrieren folgen definierten Laufbahnen von Unternehmen, indem Mitarbeitende definierte Karriereschritte durchlaufen. Der Arbeitgeber bzw. die Arbeitgeberin übernimmt dabei weitgehend die Verantwortung für die Entwicklung der Mitarbeitenden. Bei modernen Karrieren liegt die Verantwortung für die Laufbahn in der Hand des/der Einzelnen. Dabei sind Boundaryless Careers dadurch gekennzeichnet, dass Karrieren nicht der klassischen Aufwärtsbewegung in einem Unternehmen folgen, sondern räumliche und aufgabenbezogene Wechsel unternehmensübergreifend stattfinden und auf die individuelle Situation abgestimmt werden (Arnold/Cohen 2008). Ein »protean« (proteisches) Karrieremuster zeichnet sich weniger durch physische Flexibilitätsaspekte, sondern vielmehr durch die eigenständige individuelle Gestaltung des beruflichen Werdegangs aus (Briscoe et al. 2006). Im Unterschied zur Boundaryless Career, die vor allem auf Mobilität, Marktbetrachtungen und Nutzenerwägungen basiert, beinhaltet eine Protean Career eher eine Vorstellung von Berufung. Anders die Boundaryless Career, die sich wie folgt kennzeichnen lässt: »[The] career becomes the branding of oneself for the purpose of economic exchange rather than the fulfillment of self through the expression and experience of living authentically and sharing in the (re)creation of organizations and society through career and vocational enactment« (Lips-Wiersma/McMorland 2006, S. 148).

Eine Gegenüberstellung der klassischen Karriere (Bounded Career) und moderner Karriereformen bietet Tabelle 1.1.

	Traditional Career	New Career
Boundaries	One or 2 firms	Multiple firms
Identity	Employer-dependent	Employer-independent
Employment relationship	Job security for loyalty	Employability for performance and flexibility
Skills	Firm specific	Transferable
Success measured by	Pay, promotion, status	Psychological meaningful work
Responsibility for career management	Organization	Individual
Key attitudes	Organizational commitment	Work satisfaction, professional commitment

Tab. 1.1: Klassische versus moderne Karriere (Quelle: Forrier et al. 2005)

Ob überhaupt und in welcher Form weltweit eine Zunahme von Boundaryless Careers zu verzeichnen ist und diese Form der Karriere daher zum prägenden Muster wird, ist umstritten – ebenso wie die Frage, inwiefern »traditionelle Karrieren« tatsächlich den bisherigen Normalfall darstellten (Gunz et al. 2000; Olbert-Bock et al. 2012). Auch diese Frage lässt sich kaum beantworten, da zwischen den Branchen große Unterschiede bestehen. So existieren nach wie vor zahlreiche Berufsfelder, in denen Karrieren und Laufbahnen nur über formale Abschlüsse zugänglich sind und bei denen sich die Karriereentwicklung des/der Einzelnen in vordefinierten Karriereschritten vollzieht.

In einer abstrakten Form greifen Mayrhofer et al. (2002) unter dem Begriff »Karrierefelder« den Aspekt unterschiedlicher Spielregeln für die Karriereentwicklung auf, die in verschiedenen Branchen erwartet werden können. Sie lehnen sich darin an Bourdieu (1985) an, indem sie Karrierefelder als unterschiedliche soziale Arenen des Kampfes um die eigene Position darstellen, die nach bestimmten Regeln strukturiert sind. Anhand der Dimensionen »Konfiguration« und »Koppelung« entwickeln sie eine Typologie zur Unterscheidung von Karrierefeldern.

»Konfiguration« beschreibt die Veränderung der Zusammensetzung und Variabilität der Beziehungsmuster bei den Beteiligten. Im Rahmen stabiler Konfigurationen bleiben diese Muster über die Zeit konstant. Bei variablen oder instabilen Konfigurationen gibt es häufige Veränderungen.

1.1 Karrieregestaltung aus der Perspektive von Organisationen

Lose »Kopplungen« sind dadurch gekennzeichnet, dass Entscheidungen eines Individuums für die anderen kaum Relevanz besitzen, wohingegen enge Kopplungen auf eine gegenseitige Beeinflussung bzw. Abhängigkeit z. B. infolge geringer Alternativen am Arbeitsmarkt hinweisen.

Abb. 1.1: Typologie von Karrierefeldern (Quelle: Mayrhofer et al. 2002)

Im Verständnis von Mayrhofer et al. (2002) lassen sich der traditionellen Organisationswelt z. B. Industrieunternehmen zuordnen – insbesondere das Kerngeschäft der Entwicklung und Konstruktion –, die in der Regel auf eine Kernbelegschaft angewiesen sind. Selbstständige Berufsfelder, die eine lose Kopplung, aber eine hohe Stabilität der Akteure und Akteurinnen aufweisen, finden sich in durch spezifische formale Einstiegshürden geschützten Berufen wie z. B. bei Anwälten und Anwältinnen, Steuerberatern und Steuerberaterinnen usw. Demgegenüber weisen nicht geschützte Berufskategorien, denen viele Beratungsberufe wie Unternehmensberater/-in, Personalberater/-in, IT-Freelancer/-in usw. zugeordnet werden können, eine geringere Stabilität auf. Sie sind vielmehr deutlich stärker durch das Auftreten – aber auch das Wiederverschwinden – von Akteuren und Akteurinnen gekennzeichnet. Viele Dienstleistungsberufe sowie die »Randbelegschaften« lassen sich dem »frei schwebenden Professionalismus« zuordnen, da hier zwar meist weisungsgebundene Arbeitsverhältnisse vorliegen, die aber vergleichsweise schnell – und teilweise vorprogrammiert – gelöst werden. Mit Bezug auf diese definierten Karrierefelder wird deutlich, dass sich die sogenannten modernen Karriereformen eher in Feldern mit variabler Konfiguration und loser Kopplung finden lassen.

Intensiv wird die Frage diskutiert, ob eine Zunahme der Boundaryless Careers für Individuen eher Chancen oder Risiken birgt. Einerseits besteht nach Arthur/Rousseau (1996) eine höhere Karriereautonomie und Unabhängigkeit von organisationalen Arrangements, die dem/der Einzelnen mehr Einfluss auf die Richtung, die Geschwindigkeit und Gestaltung seiner bzw. ihrer Karriere überlassen. Andererseits sind Boundaryless Careers auch mit einer höheren Unsicherheit verbunden. Folglich wird argumentiert, dass die Belegschaften sich auf diese zunehmende

1 Karriereplanung – der aktuelle Forschungsstand

persönliche Unsicherheit einstellen müssen und sich um ihre eigene Employability und Workability[2] zu kümmern haben. Im Kern dieser Aussage steckt, dass Arbeitskräfte um ihren Marktwert besorgt sein und sich selbst um seine Aufrechterhaltung bzw. seinen Ausbau kümmern müssen. Konkret bedeutet das, dass sich die einzelne Person nur solche Funktionen aussucht und diese nur so lange ausübt, wie diese zur Steigerung des eigenen Marktwerts beitragen. Ob bzw. inwiefern die eigene Employability tatsächlich selbst hergestellt werden kann, wird u. a. von Colakoglu (2011) infrage gestellt, da nicht nur eigene Fähigkeiten, Motivationen und Verhaltensweisen Einfluss auf den Erfolg von Karriere haben, sondern auch unterschiedlich förderliche oder hinderliche Rahmenbedingungen (Lips-Wiersma/McMorland 2006).

Im Kontext der Diskussion um sich verändernde Karriereformen haben Mayrhofer et al. (2002) nachfolgende Systematik zu Karrierefaktoren entwickelt und gehen der Frage nach, inwiefern sich ihre Bedeutung verschiebt.

Karrierefaktoren	Beschreibung
Organisationale	
Organisationale Chancenstruktur	Strukturelle Merkmale einer Organisation mit Einfluss auf berufliche Chancen/die Karriere (z. B. Funktionen, Positionen)
Karrierepfadeffekte	Funktionsabfolgen im Stellengefüge einer Organisation und ihr Einfluss auf den Karriereerfolg
Humankapitalinvestitionen	Fähigkeiten, Qualifikationen und Erfahrungen einer Person, die profitabel einsetzbar sind
Turnierprozesse	Persönliche Durchsetzung gegenüber Konkurrent/-innen auf Einstiegsniveau und bei Beförderungen
Interpersonale	
Networking	Berufliche und fachliche Beziehungen und/oder Aufbau eines persönlichen Beziehungsnetzes
Mentoring	Unterstützende Beziehung zwischen einer erfahrenen Persönlichkeit und einem Schützling
Individuelle	
Lebenszykluseffekte	Wahl und Anpassung beruflicher Optionen in typischen Karrierestadien (Exploration, Etablierung, Erhaltung, Abbau)
Self-Monitoring	Fähigkeit von Personen, Situationen zu erkennen und sich je nach Situation angepasst zu verhalten

---

[2] »Workability« als »Arbeitsfähigkeit« bezieht sich vor allem auf die physischen und psychischen Voraussetzungen für das Eingehen von Beschäftigungsverhältnissen, »Employability« hingegen eher auf die Kompetenzen und das Engagement von Arbeitskräften.

1.1 Karrieregestaltung aus der Perspektive von Organisationen

Karrierefaktoren	Beschreibung
Selbstwirksamkeit	Eigene Erwartung einer Person, gewisse Situationen bewältigen zu können
Machiavellismus	Erreichen der eigenen Ziele unter Einsatz mikropolitischer Taktiken
Gesellschaftliche Chancenstruktur	Persönliche, für berufliche Chancen innerhalb einer Gesellschaft relevante Merkmale (Aspekte der Primärsozialisation)

Tab. 1.2: Faktoren mit Einfluss auf den Karriereerfolg (Karrierefaktoren) (nach Mayrhofer et al. 2002)

Mayrhofer et al. (2002) gehen davon aus, dass sich in Zukunft die Prozesse der Leistungserstellung innerhalb verschiedener Branchen angleichen und vermehrt in variable und lose gekoppelte Organisationsformen übergehen werden, sodass der/die Einzelne zunehmend gefordert ist, sich immer wieder flexibel in neue Funktionsfelder einzubringen.

Bedeutung	
↑	**Gesellschaftliche Chancenstruktur** • Networking: Viele »Weak Ties« bieten neue Chancen. • Selbstwirksamkeit: Das Vertrauen in die eigenen Kompetenzen wird zum zentralen Stabilitätsfaktor. • Self-Monitoring: Es ist wichtiger, sich an verschiedene Erwartungen anderer anpassen zu können, als sich selbst treu zu bleiben. • Machiavellistisches Verhalten, da die Kopplung loser wird und »alle sich durchwursteln müssen«.
↓	**Organisationale Chancenstruktur:** Organisationen sind immer weniger für Karrieren verantwortlich. • Karrierepfadeffekte: Zufälle und die eigene Employability wiegen stärker als vorausgehende Funktionen. • Turnierprozesse: Erfolgreich durchlaufene Turnierprozesse garantieren immer weniger Erfolg im nächsten Prozess. • Lebenszykluseffekte: Lebenslange Lernerfordernisse führen dazu, dass Zykluseffekte an Bedeutung verlieren. • Mentoring: Einzelne »Strong Ties« werden weniger wichtig als viele »Weak Ties«.

Tab. 1.3: Bedeutungsverschiebungen von Karrierefaktoren (nach Mayrhofer et al. 2002)

Der gesellschaftliche Kontext behält nach Mayrhofer et al. (2002) eine hohe Bedeutung für Karrieren, es ändert sich jedoch die Art des Karrierezugangs bzw. die Karrierezugänglichkeit aufgrund karriereförderlicher oder -hinderlicher Lebenssituationen. Die gesellschaftliche Ausgangssituation hat demnach mehr Einfluss auf den Erfolg. Um die am besten geeigneten Mitarbeitenden für Unternehmen zu gewinnen, sie zu binden und sie je nach Bedarf in eine betrieblich beste Verwendung zu bringen, bleibt es für Unternehmen wichtig, auch bei modernen Karrieren die Entwicklung nicht nur dem/der Einzelnen zu überlassen. Für die betriebliche Karriereförderung werden Unterstützungsformen zentral, die den Mitarbeitenden Perspektiven eröffnen und ihre Employability fördern, ohne dem/der Einzelnen die Eigenverantwortung für die Gestaltung seiner bzw. ihrer Karriere abzunehmen. Je mehr Unterstützung geboten wird, umso höher die Motivation der Arbeitnehmenden, aktiv zu werden (Kuijpers/Scheerens 2006; Nabi 2000).

Interessant ist, dass in der Debatte über unterschiedliche bzw. veränderte Karriereformen und Karrierefelder kaum die Frage gestellt wird, wie das Zusammenspiel zwischen den sich verändernden Rahmenbedingungen und den Handlungsweisen von Unternehmen und Mitarbeitenden jeweils konkret aussieht bzw. sinnvoll (um-)zu gestalten ist.

1.2 Karrieregestaltung als individuelle Aufgabe

Karrieremuster sind vor dem Hintergrund gesellschaftlicher Entwicklungen zu betrachten. Müssen Karrieren tatsächlich in höherem Maße selbst gestaltet werden, ändern sich auch die Anforderungen, die an jeden Einzelnen bzw. jede Einzelne gestellt werden. Ohne klare Karrierewege sind die Individuen gefordert, selbst Ziele zu formulieren, Wege zu finden und Sinn zu erzeugen. Selbststeuerung bedeutet auf der subjektiven Ebene für den Einzelnen bzw. die Einzelne, das eigene Leben in der Auseinandersetzung mit den normativen und institutionellen Vorgaben als »individuelles Projekt« zu entwerfen. Dies birgt große Unsicherheiten (Sennett 1998), die der/die Einzelne nicht nur ertragen, sondern mit denen er/sie auch aktiv umgehen muss. Anforderungen an die eigene Reflexionsfähigkeit sowie Überzeugungen im Hinblick auf das Selbst gewinnen als personale Kompetenzen in unterschiedlicher Schattierung an Bedeutung. Boundaryless Careers erfordern z. B. proaktives Verhalten, Flexibilität, Anpassungsfähigkeit, Offenheit und ein Bewusstsein für eigene Stärken und Schwächen (Hall/Mirvis 1996, nach Eby et al. 2003). Im Hinblick auf Protean Careers werden z. B. Anforderungen, eigenständig immer wieder Identität und Sinn zu erzeugen, sowie die Notwendigkeit eines ausgeprägten Wertebewusstseins konstatiert (Briscoe et al. 2006).

Letztlich unterscheiden sich Personen in Bezug auf das Ausmaß, in dem sie Zugang zu Chancen und Karriere haben (Arnold/Cohen 2008). Es liegt im Interesse der Unternehmen, eine daraus resultierende Benachteiligung von Personengruppen zu reduzieren, um einen möglichst optimalen Personalkörper im Unternehmen aufzubauen und zu unterhalten. Für den/die Einzelne steigt dennoch die Bedeutung der Fähigkeit, sein/ihr Karriereumfeld aktuell und künftig richtig einschätzen zu können.

Häufig wird eine Unterscheidung der für die Karriere notwendigen Kompetenzen anhand der Einteilung »knowing why«, »knowing how« und »knowing whom« getroffen (Colakoglu 2011; De Fillippi/Arthur 1996; Singh et al. 2009). Im Einzelnen wird darunter verstanden:
- »Knowing why«: Wissen um eigene Interessen, Bedürfnisse und Erwartungen an Arbeits-/Lebenssituationen; Bewusstsein in Bezug auf eigene Motivationen, die eigene Identität und Werthaltungen sowie Anpassung an sich ändernde Gegebenheiten
- »Knowing how«: proaktives Suchen und Ergreifen von beruflichen Möglichkeiten; Wissen und Fähigkeiten in Bezug auf das Erreichen, die Gestaltung und Verfolgung der eigenen

Laufbahn und beruflicher Funktionen; permanente Erweiterung der individuellen relevanten Wissensbasis
- »Knowing whom«: Aufbau, Pflege und Nutzung für die Karriere relevanter Beziehungen und persönlicher Netzwerke zum Zweck der Information, Unterstützung oder Einflussnahme

Zentral sind darüber hinaus Reflexionskompetenzen, die eine Aktualisierung der für die eigene Karriere notwendigen Fähigkeiten sowie die Beobachtung der eigenen Werthaltungen und Motive gewährleisten, sodass Entscheidungen vor dem Hintergrund der oben erläuterten Faktoren getroffen und bewertet werden können (Kuijpers/Scheerens 2006; Kuijpers et al. 2011).

Insgesamt liegt der Fokus bei der Frage individueller Karrieregestaltung auf der Thematik der Passgenauigkeit bzw. auf der Frage nach den zentralen individuellen Voraussetzungen für das Karriieregelingen. Die hier kurz skizzierten Ansätze zur Bestimmung der individuellen Karrierevoraussetzungen lassen dabei außer Acht, wie sehr der Erwerb notwendiger Kompetenzen für unterschiedliche Karrieremuster von den Rahmenbedingungen und den Zugängen zum Erwerb jeweils passgenauer Kompetenzen abhängig ist.

1.3 Karriere, Karrieretypen und Zufriedenheit

Ob Karrieren nun eher traditionellen oder modernen Mustern entsprechen bzw. welche Karrieren angestrebt werden, wurde verschiedentlich analysiert. Eine kurze Übersicht über ausgewählte Karrieretypen anhand der Unterscheidung von traditionellen und modernen Karrieren bietet beispielhaft Tabelle 1.4.

Orientierung an ... Studie	Traditionelle Karrieren	Moderne Karrieren	Weitere
Gerber et al. 2009 (Schweiz; versch. Fachbereiche/Branchen)	»Traditional«: 61%; davon: Promotion: 25% Loyalty: 36% Höhere Arbeitszufriedenheit	»Independent«: 16%	»Disengaged«: 22%
Mayrhofer et al. 2005 (Österreich; Branche: Wirtschaft)	»Organisational«: 42%	»Postorganisational«: 53,6%; davon: Free floating professionalism: 7% Trad. Self-employment: 20% Chronic flexibility: 26%	
Gubler 2011 (Europa; IT-Branche)	»Solid Citizens«: 35% Höchste Arbeitszufriedenheit	»Protean Career Architects«: 35%	»Roamers«: 30%

Tab. 1.4: Typen von Karriereorientierungen anhand »traditioneller« und »moderner« Karrieren (Quelle: Olbert-Bock et al. 2012)

1 Karriereplanung – der aktuelle Forschungsstand

Auffällig an den Ergebnissen ist zunächst, dass »traditionelle Karrieren« offenbar nicht wirklich seltener werden (vgl. dazu Chudzikowski 2008; Kattenbach et al. 2011). Fragt man nach Karrierevorstellungen (Mayrhofer et al. 2005), lässt sich zwar feststellen, dass traditionelle Karrieren nicht immer den Vorstellungen der Mitarbeitenden entsprechen. Allerdings sind Personen, die sich in traditionellen Karrieren bewegen, zufriedener als jene, die moderne Karrieren verfolgen (Gerber et al. 2009; Gubler 2011). Wie dargelegt, entspricht die von Unternehmungen und Einrichtungen angebotene Karriere- und Laufbahnplanung eher traditionellen Mustern, sodass je nach Karrieretyp Mitarbeitende unterschiedliche Unterstützung durch Unternehmen erfahren. Traditionalisten und Traditionalistinnen werden besser unterstützt. Die geringere Zufriedenzeit bei den flexiblen Karrieren lässt sich damit erklären, dass flexible Karrieren einerseits dem/der Einzelnen mehr abverlangen und dieser/diese andererseits weniger Unterstützung erhält (Olbert-Bock et al. 2012).

Das Angebot traditioneller Laufbahnen wirkt dabei zudem selbstselektiv und zieht spezifische, aber nicht in jedem Fall die geeignetsten Personen an. Meist handelt es sich um Personen mit geringerer Anpassungsfähigkeit und Kontaktfreudigkeit, weniger ausgeprägter Leistungsorientierung sowie größerem Machtbedürfnis (Mayrhofer et al. 2005; Olbert-Bock et al. 2012).

Neben traditionellen bzw. modernen Mustern lassen sich in den Studien oft weitere Typen ausmachen, die nicht einfach dem einen oder anderen Karrieremuster zurechenbar sind. Wie der/die Einzelne nun unter bestehenden Rahmenbedingungen und individuellen Voraussetzungen tatsächlich auf seine bzw. ihre Karriere bezogen agiert, ist bisher kaum untersucht worden. Dies ist umso erstaunlicher, als wachsende Anforderungen der Arbeitswelt und gesellschaftliche Veränderungen die Karriereplanung immer mehr zur Lebensplanung werden lassen. Differenzierte Antworten, wie der/die Einzelne diese unter den persönlichen Voraussetzungen in unterschiedlichen Kontexten bewerkstelligt, fehlen damit.

Teil 1:
Frauenkarrieren aus Organisationsperspektive

2 Erfahrungen aus unterschiedlichen Karrierestadien

Nicht erst seit gerade eben befindet sich die Welt im Umbruch. Folgt man der Debatte um New Work, ist alles ganz neu. Dabei ist keineswegs gesichert, dass sich die Arbeitswelt so schnell erneuern wird, dass wir tatsächlich noch positive Veränderungen erleben werden. Sehr deutlich baut das gesamte gesellschaftliche und wirtschaftliche Leben darauf auf, die eher Männern überantworteten Tätigkeiten auf- und die eher Frauen überantworteten abzuwerten, wie z. B. die der Care-Arbeit (Eisler 2020).

Die Arbeitswelt in Unternehmen hat sich auch während der Pandemie und trotz des angeblichen Durchbruchs einzelner neuer Arbeitsformen teilweise rückentwickelt, und die Laufbahngestaltung in Unternehmen orientiert sich nach wie vor an der ihnen zu 100 % zur Verfügung stehenden, sichtbaren Arbeitskraft. So entspricht die Laufbahngestaltung in unseren Gesellschaften nach wie vor eher der Lebenswelt der Männer.

Vor gut zwei Jahrzehnten wurde intensiv diskutiert, ob Karrieren künftig in höherem Maße selbst gesteuert werden (sollen) (Olbert-Bock et al. 2014). Auch wenn sich dies zumindest in Mitteleuropa nicht ohne Weiteres anhand sozioökonomischer Daten bestätigen lässt, wurde durch die Diskussion immerhin deutlich, dass Menschen ihre Karrieren schon immer sehr unterschiedlich gestaltet haben, aber die unterschiedlichen Arten keineswegs gleiche Aufmerksamkeit erfahren haben.

Bei der aktiven organisationsinternen Förderung wird eine klare Auswahl getroffen, welche Personen gefördert werden – die typischen Diversity-Gruppen, darunter Frauen und Ältere, sind seltener dabei. Die Förderwege in Organisationen entsprechen nach wie vor eher traditionellen Mustern. Menschen, die sich in ihnen bewegen, kommen bei geringerer Selbstorganisation weiter, erhalten mehr Einfluss und mehr Gehalt. Grundlegende Voraussetzung ist meist, dass sich die Personen in klassischen Arbeitsverhältnissen befinden, d. h. in einem 100%-Angestelltenverhältnis stehen. Personen mit reduzierter Arbeitszeit, Personen, die in anderen Vertragsbeziehungen stehen oder ihre Laufbahn weitgehend selbst organisiert gestalten (müssen), werden deutlich seltener von der organisationsinternen Karriereplanung/Laufbahngestaltung erfasst.

Will man Frauen- und auch Männerkarrieren und zu diesem Zweck eine Vielfalt an Karrieren fördern, kommt man nicht umhin, sich mit den tatsächlichen Situationen und Ereignissen auseinanderzusetzen und zu überlegen, wie man dieser Vielfalt gerecht werden und sie für das Unternehmen nutzbringend gestalten kann.

2 Erfahrungen aus unterschiedlichen Karrierestadien

Nachfolgend werden Erkenntnisse und Erfahrungen aus verschiedenen Projekten zur Steigerung von Diversity in der Belegschaft und zur Steigerung der Karrierevielfalt vorgestellt.

2.1 Karrieretypen

Der Begriff »Karriere« und die damit verknüpfte Frage nach »Karriereerfolg« ist nicht so klar definiert, wie es auf den ersten Blick vielleicht scheint.

Unter »Karriere« wird aus einer traditionellen Perspektive heraus oft ein hierarchischer Aufstieg mit einem Zugewinn an Verantwortung für Menschen, mit mehr Geld oder einem höheren Gehalt verbunden. Anders lässt sich »Karriere« als genereller Werdegang einer Person in Form von vertikalen oder horizontalen Mobilitätsbewegungen oder als individuelle Kombination beruflicher und privater Stationen über die Lebenszeit verstehen. Seit Jahren wird intensiv diskutiert, wie sich Karrieren abspielen und inwiefern sie traditionellen oder flexiblen Mustern entsprechen. Tatsächlich lässt sich feststellen, dass es schon immer unterschiedliche Formen von Karriere gab (Olbert-Bock et al. 2017).

Im Rahmen eines interdisziplinären Forschungsprojekts zum Thema »Karrierekonzeptionen von Männern und Frauen aus Wirtschaft, Technik, Sozialer Arbeit und Gesundheit« wurde der Frage nachgegangen, inwiefern das Handeln jedes/jeder Einzelnen oder der organisationale Kontext maßgeblichen Einfluss auf die Karrieregestaltung haben. In einer umfangreichen qualitativen Studie gingen wir dieser Frage mittels narrativer Interviews mit Blick auf verschiedene Berufsalter nach (Olbert-Bock et al. 2017). Bezogen auf 83 Einzelfälle wurden das jeweilige »Doing Karriere« mithilfe der Grounded Theory herausgearbeitet, ein biografisches Verlaufsmuster erstellt und das bestehende explizite Verständnis von Karriere erörtert. Die Fälle wurden auf Gemeinsamkeiten hin untersucht. Die Ergebnisse verweisen auf fünf »Idealtypen« der Karrieregestaltung. Sie bilden die Grundlage für die hier formulierten Empfehlungen für eine gezielte Personalentwicklung, die der Unterstützung von Mitarbeitenden in ihrem individuellen Werdegang dient, auch wenn sich dieser immer seltener in nur einem Unternehmen abspielt.

Wie Menschen ihr individuelles »Karriereprojekt« begreifen, lässt sich anhand dieser Idealtypen beschreiben (siehe Tab. 2.1). Insbesondere »Typ 1« und »Typ 5« lassen sich recht gut kontrastieren und mit Karrieren in Verbindung bringen, die eher traditionellen bzw. flexiblen Mustern folgen.

Typ	Bezeichnung	Beschreibung
Typ 1	Konkrete Lebensposition(en) bewusst anstreben: der/die Strebende	Personen dieses Typs streben bewusst konkrete Lebensposition(en) an. Sie haben eine klare Zielperspektive in Form von Karriere-, Selbstverwirklichungs- oder konkreten Positionszielen. Oft wissen sie schon sehr früh, welche gesellschaftliche Position sie in ihrem Leben anstreben möchten, und sie gestalten ihren Lebens- und/oder Berufsweg aktiv mit Blick auf diese Position. Personen dieses Typs gehen davon aus, dass der durch die berufliche Position erworbene hohe soziale Status spezifische Lebenschancen eröffnet. Entscheidungen zur Ausbildungs-, Funktions- und Organisationswahl werden vor dem Hintergrund der Erreichbarkeit einer konkret angestrebten Position getroffen.
Typ 2	Latente Bilder im Berufsweg regulieren: der/die Offene	Latente bildhafte Vorstellungen regulieren den Berufsweg. Das heißt, Personen dieses Typs orientieren sich teilweise unbewusst und häufig noch mit zunehmendem Berufsalter an Selbst- und Fremdbildern. Mögliche Bildinhalte sind persönlich bedeutsame Erlebnisse, Schlüsselpersonen oder Zustandsbilder von beruflichen Rollen oder Tätigkeiten. Das kann z. B. der eigene Vater sein, der im Außenhandel tätig ist und entsprechende Freiheiten genießt. Die bildhaften Vorstellungen unterscheiden sich in ihrer Klarheit von Zielen und dienen auf unterschiedliche Weise als Orientierung für die Gestaltung und Planung des eigenen Werdegangs.
Typ 3	Sich sicher bewegen (lassen von und) in vertrauten Bahnen: der/die Sichere	Dass er sich sicher in vertrauten Bahnen bewegen kann, zeichnet Typ 3 aus. Personen dieses Typs verfügen über eine selbstverständliche Gewissheit, dass es in der Arbeitswelt berufliche Bahnen gibt und diese zu einer sinnvollen beruflichen Tätigkeit und/oder Position führen. Dabei sind das »Angebot an Bahnen« und ihre Richtungen sowie das zugehörige »Signalsystem« in etwa bekannt. Es bildet gemeinsam mit den persönlichen Befindlichkeiten, Neigungen und Interessen den Entscheidungsraum für die Übernahme eventueller weiterführender Funktionen oder Umstiegsmöglichkeiten.
Typ 4	Werte leben können: der/die Idealist/-in	Für den Idealtyp 4 steht die Möglichkeit im Vordergrund, seine eigenen Werte leben zu können. Das heißt, das eigene Handeln orientiert sich an biografisch oft schon früh verankerten Wertvorstellungen, die für die Gestaltung des Lebens und damit auch die eigene Laufbahn eine wichtige Orientierungsfunktion besitzen. Mögliche Werte sind soziale Gerechtigkeit, ökologische Nachhaltigkeit oder eigene Überzeugungen vom »guten« Leben. Die Realisierung der persönlichen Werte wird der zentrale Entscheidungsparameter für die Gestaltung des als Ganzheit verstandenen Lebens- und Berufswegs.
Typ 5	Persönlich sinnhaften Werdegang kreieren: der/die Gestalter/-in	Personen, die dem Typ 5 entsprechen, sind gefordert bzw. fordern sich selbst gemäß den eigenen Interessen und Kompetenzen immer wieder, aus dem beruflichen Angebotsspektrum ihrer subjektiven Logik entsprechend auszuwählen. Passend ist eine Berufsetappe immer dann, wenn sich sowohl erkennbar nach außen als auch im Hinblick auf persönliche Orientierungen eine sinnvolle Brücke zwischen bisherigen und möglichen künftigen Etappen bildet. Im Fokus der Gestaltung liegt der eigene Werdegang als individuelles Projekt mit offenem Ausgang.

Tab. 2.1: Idealtypen der Karrieregestaltung (Quelle: Olbert-Bock et al. 2017)

2 Erfahrungen aus unterschiedlichen Karrierestadien

Klar ist, dass sich Karrieren bzw. ihre Muster als Ergebnis individueller Vorstellungen und Handlungsweisen von Individuen in Abhängigkeit von einem sozialen Kontext entwickeln.

Im Hinblick auf die Gestaltung von Laufbahnen werden vonseiten der Unternehmen nach wie vor primär traditionelle Karrieren und damit jene aktiv gefördert, die Typ 1 entsprechen. Falls überhaupt existent, so konnten alternative Laufbahnmodelle wie jene der Projekt- oder Fachkarriere ihren Ruf der Zweitklassigkeit bisher in vielen Organisationen nicht loswerden. Auch beschränkt sich die Laufbahnförderung oft auf einen angestrebten organisationsinternen Einsatz von Mitarbeitenden. Optionen, die über die eigene Organisation hinausgehen, werden nur sehr selten gefördert.

Die Praktiken des »Doing Karriere« entstehen im Wechselspiel von individuellen und kollektiven Prozessen (Reckwitz 2008) und verweisen damit immer zugleich auf die konkreten Individuen und die gesellschaftlichen Kontexte, in die diese eingebettet sind. Die fünf Idealtypen geben Hinweise darauf, wie eine bestimmte Personengruppe, die sich durch ein gemeinsames Ausbildungsniveau auszeichnet, mit dem Thema »Karriere« umgeht und wie die Gesellschaft das wahrnimmt. Auf dieser Ebene lässt sich feststellen, dass der Idealtyp 1 (konkrete Lebensposition(en) bewusst anstreben) und der Idealtyp 5 (persönlich sinnhaften Werdegang kreieren) das Spannungsfeld moderner Gesellschaften sichtbar machen, innerhalb dessen die entsprechenden Personengruppen ihre individuellen Lebensentwürfe und ihre Karriere gestalten. In Anlehnung an Bourdieu (1985) sind es strukturell die Positionen im sozialen Raum, die – vermittelt über die Verfügbarkeit unterschiedlicher Kapitalien[3] – etwas über ein Mehr oder Weniger an gesellschaftlicher Teilhabe aussagen. Die Ergebnisse zeigen jedoch, dass es unterschiedliche Spielarten gibt, wie sich Personen Positionen aneignen und wie sich darüber auch Positionen in ihrer Ausgestaltung verändern können.

Im Rahmen eines Forschungsprojekts zu Karrieretypen wurde der Frage nachgegangen, ob und, wenn ja, welche Unterschiede sich im »Doing Karriere« zwischen verschiedenen Personengruppen aufgrund des Geschlechts, des Berufsalters oder der Zugehörigkeit zu verschiedenen Fachkulturen ausmachen lassen. Die Antwort auf diese Frage lässt sich aufgrund des methodischen Vorgehens nicht einfach über eine quantitative Verteilung erschließen. Allerdings erlaubt die hohe Anzahl betrachteter Fälle, aufgrund der Verteilung über mögliche logische Zusammenhänge zwischen einzelnen Karrieremustern und Personengruppen nachzudenken.

---

3 Vgl. Bourdieu (1985): ökonomisches Kapital (Geld), kulturelles Kapital (Bildung, Kulturgüter, Titel/Bildungsabschlüsse), soziales Kapital (Beziehungsnetz).

Die Typen verteilten sich auf das Gesamtsample wie folgt (Abb. 2.1 und Abb. 2.2):

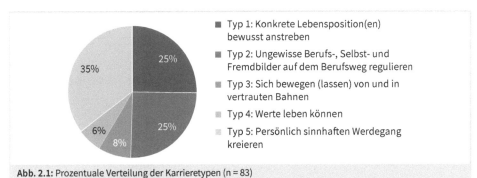

Abb. 2.1: Prozentuale Verteilung der Karrieretypen (n = 83)

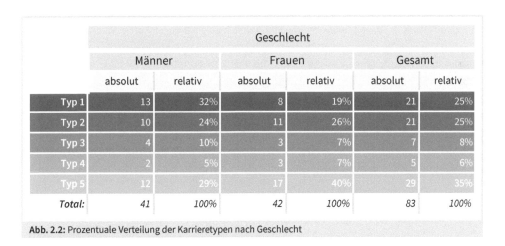

Abb. 2.2: Prozentuale Verteilung der Karrieretypen nach Geschlecht

Hinsichtlich der Häufigkeit, in der sie einem bestimmten Typ zugeordnet werden können, treten die größten Unterschiede zwischen Männern und Frauen bei Typ 1 auf (konkrete Lebensposition(en) bewusst anstreben). Frauen sind häufiger bei Typ 5 (persönlich sinnhaften Werdegang kreieren) zu finden. Typ 5 ist teilweise davon geprägt, berufliche Stationen mit der Lebenssituation flexibel zu kombinieren.

Aus Personalentwicklungssicht wird hier der bekannte Sachverhalt erkennbar, wonach Frauen Führungsfunktionen übernehmen, wenn es aus ihrer Perspektive sinnhaft erscheint. Allein der Positionserwerb ist offenbar für Frauen ein zu geringer Motivator. Dies scheint auf den ersten Blick alle bisherigen Befunde – nämlich die mangelnde Repräsentanz von Frauen in Führungsfunktionen – zu bestätigen. Jedoch greift diese Einschätzung zu kurz, denn auch mit den anderen Karrieremustern lassen sich im Grundsatz Führungspositionen erreichen.

Auffällig ist, dass Frauen, die das Karrieremuster 1 praktizieren, häufiger als Männer eine Lebensposition anstreben, die sich aus verschiedenen Teilpositionen in den Feldern Privates,

Öffentlichkeit und Arbeit zusammensetzt. Männer, die diesem Karrieremuster folgen, sind in der Regel auf berufliche Positionen ausgerichtet. Es scheint, dass Frauen aufgrund ihrer Rollengeschichte eine höhere Sensibilität für die Verbindung unterschiedlicher Lebensbereiche – der Verbindung von privaten und beruflichen Lebens- und Rollenvorstellungen – mitbringen.

Frauen repräsentieren jedoch stärker das modernere Karrieremuster 5. Gemäß einer umfassenden, aktuellen sozialwissenschaftlichen Langzeitstudie zu Lebensläufen von Frauen und Männern in Deutschland haben sich die Biografien von Männern in den letzten 40 Jahren kaum geändert (Die Zeit 2012). Die größten soziologischen Veränderungen lassen sich hingegen in den Lebensläufen von Frauen ausmachen, deren Bildungs- und Erwerbschancen sich in kurzer Zeit fundamental verbessert haben. Die Studie zeigt jedoch auch, dass trotz verbesserter Erwerbsmöglichkeiten mit der Familiengründung und der Geburt des ersten Kindes die alten, traditionellen Rollenmuster wieder Einzug halten. Frauen übernehmen dann wieder die Hausarbeit und arbeiten Teilzeit, während die Männer sich auf ihre Berufskarriere konzentrieren.

Es kann davon ausgegangen werden, dass für das Karrieremuster 5 weniger etablierte Personalentwicklungsstrategien zur Verfügung stehen. Deshalb ist die Personalentwicklung aufgefordert, Laufbahnangebote zu eröffnen und zu erweitern, um den unterschiedlichen Karrieremustern strukturell die gleichen Chancen einzuräumen. So könnten Förderprogramme in Unternehmen entwickelt werden, die sich an den Besonderheiten der unterschiedlichen Karrieremuster orientieren. Denn analog zu den traditionellen Karriereformen – so kann unterstellt werden – orientieren sich die Förderprogramme in erster Linie am Karrieremuster 1.

2.1.1 Karriereerwartungen und -zufriedenheit nach Lebensalter

Um einen Eindruck zu erhalten, wie gut verschiedene Altersklassen von Förderung erfasst werden, wurden Mitarbeitende dreier großer Schweizer Versicherungsunternehmen danach befragt, welche Aufstiegserwartungen sie haben (Abb. 2.3).

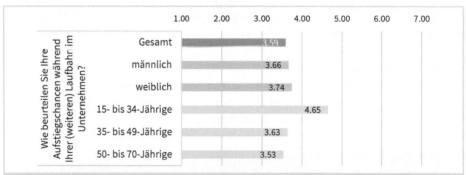

Abb. 2.3: Aufstiegschancen bzw. weitere »Career Expectation« von Beschäftigten dreier großer Schweizer Versicherungen (1 entspricht den geringsten Erwartungen, 7 den höchsten) (Quelle: Olbert-Bock et al. 2021)

Bereits in der Altersklasse von 35 bis 49 Jahren sind die Aufstiegserwartungen in klassischen Laufbahnen bei vielen Befragten deutlich geringer ausgeprägt als bei den Jüngeren. Gleichzeitig nehmen die Karrierezufriedenheit und das Erleben altersbezogener Diskriminierung zu (Abb. 2.4). Auch wenn Mitarbeitende ab 50 wieder leicht bessere Werte aufweisen, scheint dies eher mit einem »Sichabfinden« zu tun zu haben.

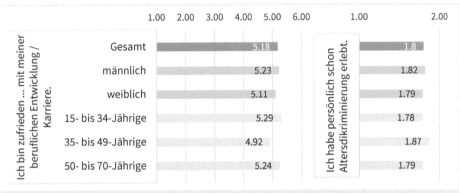

Abb. 2.4: »Career Experience« – Zufriedenheit mit bisheriger Karriere und erlebte Altersdiskriminierung (Quelle: Olbert-Bock et al. 2021)

Fragt man offen nach Wünschen für eine weitere Entwicklung, so wird erkennbar, dass
- unterschiedliche Altersgruppen sehr unterschiedlich gefördert werden,
- von den Betroffenen ausdrücklich gewünscht wird, auch ab der Lebensmitte noch Entwicklung zu erfahren,
- Ältere sich in anderen Karrieremustern aufhalten als Jüngere, d. h., dass Karrieren ab der Lebensmitte sehr viel stärker selbst gesteuert werden müssen,
- diese als »modern« diskutierte Karriereform aber meist selten aktiv unterstützt wird, d. h., es gilt ein »Kümmere dich selbst«.

Diese Selbstverantwortung wird bisweilen zu einem Joker für die Personalführung. So lautete eine Antwort auf die Frage »Welche Unterstützung würden Sie in Bezug auf Ihre Laufbahn von Ihrer Führungskraft noch erwarten?«: »Proaktiv auch vonseiten der Führungskraft Möglichkeiten der Weiterentwicklung aufgezeigt bekommen und nicht immer nur darauf hingewiesen werden, dass der Mitarbeitende aktiv werden soll!« Konzepte und Wissen, wie das auf geeignete Weise stattfinden kann, fehlt in den Organisationen.

Die Ursachen dafür sind zahlreich. Im Hintergrund geht es wohl um eine »Trap of ignoring structural factors« (Rudolph et al. 2012), wonach Unternehmen teilweise überpsychologisiert sind, während die Wirkmächtigkeit von Systemen und die Bedeutung des Kontexts für die Entwicklung der Mitarbeitenden unterschätzt und die individuellen Möglichkeiten, Entwicklungsbedarf zu antizipieren und Weichenstellungen vorzunehmen, überschätzt werden.

2.1.2 Frauenkarrieren ab der Lebensmitte

Häufig wird schon die Laufbahnentwicklung von Mitarbeitenden ab Mitte 40 nicht mehr gefördert. Es fehlt vielfach an Ideen, wie lebenslange Laufbahnen/Karrieren gestaltet werden können. Angesichts ständig neuer Technologien, der sinkenden Halbwertszeit von Wissen und politischer Forderungen nach einem höheren Renteneintrittsalter ist das eine gesellschaftliche Herausforderung.

> **Late Careers**
>
> Das Forschungsprojekt »Late Careers« der Ostschweizer Fachhochschule und der Fachhochschule Nordwestschweiz (Institut für Personalmanagement und Organisation der Hochschule für Wirtschaft) widmet sich der Lücke zwischen der aktuellen Unternehmenspraxis und den künftigen Erfordernissen. Mit den fünf Partnerunternehmen Allianz, Baloise, CSS, sowie dem Kantonsspital Baselland und Kantonsspital St. Gallen wurden verschiedene Erhebungen und Workshops durchgeführt, um Aktivitäten, Möglichkeiten und Mechanismen der Förderung älterer Mitarbeitenden im Vergleich zu jüngeren zu erfassen. Zusammen mit Grass & Partner wurden passgenaue Maßnahmen der Laufbahnförderung entwickelt und implementiert.
>
> Das Projekt wurde von Innosuisse, Bern, gefördert und 2021 abgeschlossen.

Was die Situation von Frauen ab 45 angeht, scheint die Unterscheidung zwischen jenen, die in Organisationen angestellt sind, und jenen, die sich für einen alternativen Karrierepfad entschieden haben, wichtig. Analog zu der vorausgehenden Darstellung ist festzuhalten, dass die Karrierezufriedenheit bei Frauen ab 50 eher wieder höher ist, wenn man die in Organisationen tätigen befragt. Viele Frauen wählen aber in der Lebensmitte einen anderen Weg oder haben bereits zuvor die Organisation verlassen. Die »Zufriedenheit« derjenigen, die in einer Organisation tätig sind, bedeutet daher nicht automatisch, dass beim vorausgehenden Werdegang alles bestens war. Werden Frauen befragt, die ihren Werdegang ganz in die eigene Hand genommen oder sogar berufliche Wechsel/Transitionen vorgenommen haben, ändert sich das Bild (Olbert-Bock et al. 2020): Die nach eigener Einschätzung vorhandenen Kompetenzen werden oft nicht ausgeschöpft (Abb. 2.5).

2.1 Karrieretypen

	Befragte aus öffentlichen Verwaltungen (n = 150)				Befragte aus Berufs- und Frauenverbänden (n = 88)			
	Zufriedenheit mit ...							
	beruflichem Werdegang	Gehaltsentwicklung	Erreichen beruflicher Aufstiegsziele	Nutzung von Kompetenzen & Potenzialen	beruflichem Werdegang	Gehaltsentwicklung	Erreichen beruflicher Aufstiegsziele	Nutzung von Kompetenzen & Potenzialen
Zustimmung	85 %	62 %	71 %	72 %	68 %	51 %	63 %	58 %
Teilweise	11 %	23 %	19 %	18 %	25 %	19 %	14 %	20 %
Gesamt	96 %	85 %	90 %	90 %	93 %	70 %	77 %	78 %

Abb. 2.5: Wie zufrieden sind Frauen mit verschiedenen Aspekten ihrer bisherigen Karriere in der öffentlichen Verwaltung und in anderen Branchen?

Viele Frauen berichten von Diskriminierungserfahrungen. Zwar konstatieren einige Frauen, dass sie auch Vorteile aufgrund ihres Geschlechts erfahren haben, doch weibliches Geschlecht, gepaart mit Kindern oder Alter, führt zu deutlich mehr erlebten Nachteilen (Abb. 2.6).

	Befragte aus öffentlichen Verwaltungen (n = 150)			Befragte aus Berufs- und Frauenverbänden (n = 88)		
	Ja	Nein		Ja	Nein	
Diskriminierungserfahrung	29 %	71 %		52 %	48 %	
	Vorteile erlebt	Nachteile erlebt	Differenz	Vorteile erlebt	Nachteile erlebt	Differenz
aufgrund Alter	41,4 %	21,0 %	+ 20,4 %	15,4 %	22,2 %	- 6,8 %
aufgrund Geschlecht	17,2 %	21,0 %	- 3,8 %	57,7 %	23,8 %	+ 33,9 %
aufgrund Mutterschaft	6,9 %	54,8 %	- 47,9 %	15,4 %	49,2 %	- 33,8 %

Abb. 2.6: Diskriminierungserfahrungen von Frauen

Das Potenzial von Frauen ab 45 wird oftmals vernachlässigt. Karrieren finden eben früher statt. Vor dem Hintergrund des demografischen Wandels und des Fachkräftemangels sollte aber klar sein, dass insbesondere Frauen ab 45, die über viel Know-how verfügen, aus Unternehmen nicht mehr wegzudenken sind. Daher sollen Überlegungen angestellt werden, wie sich der Wiedereinstieg und die Karriere von Frauen ab 45 gestalten lassen.

Späte Karriereformen und Chancengleichheit – Ausgestaltung weiblicher Karrieren ab 45

Im Projekt »Late Careers«, das sich bereits in einer zweiten Förderphase befindet, werden Frauenkarrieren ab 45 in Unternehmen und unternehmensübergreifend betrachtet. Hierfür werden Betroffene und Personalführung befragt. Verschiedene Maßnahmen und Instrumente, die in diesem Buch vorgestellt werden, basieren auf den Erkenntnissen und Erfahrungen aus diesem Projekt.

Die dargestellten Ergebnisse beziehen sich auf eine der Erhebungen im Rahmen des Projekts:
- Umfragezeitraum: 13.12.2020–31.04.2021
- Zielgruppe: Frauen über 40
- Multiplikatoren: Verschiedene Berufs- und Frauenverbände, Kommunalverwaltungen in der Schweiz
- Rücklauf: 240 Datensätze; 88 Teilnehmende aus Verbänden, 150 Personen aus dem öffentlichen Sektor

Es liegen Antworten aus allen Unternehmensgrößen, Hierarchieebenen und Positionen vor. 55 % der Befragten aus öffentlichen Verwaltungen arbeiten in Verwaltungen mit 250 und mehr Mitarbeitenden, 52 % der Befragten aus Verbänden in Kleinunternehmen mit bis zu 49 Mitarbeitenden. Auch relativ viele Selbstständige (22 %) aus Verbänden haben an der Umfrage teilgenommen. Knapp über 50 % der befragten Frauen sind in Unternehmen mit höherem Männeranteil tätig. Viele Frauen haben im Laufe ihrer Berufstätigkeit die Arbeitszeit reduziert oder ihre Berufstätigkeit unterbrochen. Besonders auffällig erscheint in Anbetracht ihrer Abschlüsse, dass sich vorwiegend Akademikerinnen mit dem Thema »späte Karriere« befassen.

Das Projekt wird gefördert vom Eidgenössischen Büro für Gleichstellung, Bern.

2.1.3 Frauen, Karriere und Kinder

Auch wenn Unternehmen heute zahlreiche Maßnahmen zur Vereinbarkeit von Beruf und Familie (VBF) ergriffen haben, ist nicht immer gewährleistet, dass diese Maßnahmen auch zugänglich sind und sanktionsfrei in Anspruch genommen werden können. Ein Beispiel für eine

Schlechterstellung durch die Nutzung von Maßnahmen zur Vereinbarkeit von Beruf und Familie ist das mögliche »Karriereaus«, sobald die Arbeitszeit reduziert wird.

Unabhängig davon, wie gut das individuelle Arrangement organisiert ist und wie gut Frauen arbeiten, werden sie, wenn sie Kinder haben, im Hinblick auf ihre Einsatzbereitschaft und ihr Leistungsvermögen regelmäßig infrage gestellt und vor allem an negativen Beispielen und Erfahrungen gemessen.

Letztlich kann sich die Nutzung von Maßnahmen der VBF als eine weitere Hürde für Karrieren insbesondere von Frauen erweisen. Hierfür werden »Signaleffekte« oder »Humankapitaleffekte« verantwortlich gemacht, so z. B. im Falle der oben genannten Reduktion der Arbeitszeit. Nach wie vor wird eine Reduktion der Arbeitszeit oftmals unbewusst als Signal für geringere Einsatzbereitschaft gewertet. Zudem wird argumentiert, dass so weniger Kompetenz und Erfahrung erworben werden könnten. Dies mag je nach Tätigkeit im Vergleich zu einem vollumfänglichen Arbeitspensum zutreffend sein. Allerdings folgt daraus nicht, dass sich die Dauer bis zur Übernahme einer weiterführenden Funktion verlängert, sondern meist kommt es zu einer Zuordnung weniger verantwortungsvoller Tätigkeiten und zum Karriereaus. Das Stigma der Minderwertigkeit werden die betroffenen Frauen angesichts der fehlenden Integration in interessante Projekte von strategischer Relevanz, mangelnder systematischer Beurteilungen und Beförderungen kaum mehr los.

Mitarbeitende im Homeoffice sind oft zu sehr »aus den Augen – aus dem Sinn« (Scholl et al. 2020), um gefördert zu werden, und dass sich daran tatsächlich etwas ändert, wird nach der Corona-Pandemie erst noch zu beweisen sein.

Solange sich am rollenspezifischen Verhalten von Vätern und an der Ausrichtung von Förderungswürdigkeit am Prototyp des allzeit verfügbaren Normarbeitnehmenden nichts ändert, ermöglichen die Maßnahmen der VBF letztlich, Frauen »mit gutem Gewissen« immer wieder in ihre Rolle und ein rollengemäßes Verhalten zu drängen. Organisationale Prozesse können hingegen unhinterfragt bleiben.

Dabei reicht die Vermutung, dass ein Care-Engagement stattfinden oder stattgefunden haben könnte – selbst wenn es sich tatsächlich neben einem Vollzeitjob ereignet (hat).

2.2 Aufstieg von Frauen ins Topmanagement

Nach wie vor führen Frauenkarrieren u. a. aus den bereits genannten Gründen selten ins Topmanagement. Sowohl im Hinblick auf ältere Arbeitnehmende beider Geschlechter als auch auf Frauen gibt es zahlreiche stereotype Haltungen und Mythen. Wichtig ist, dass sowohl negative als auch positive Stereotype dazu führen können, dass Personen als nicht geeignet für bestimmte Tätigkeiten wahrgenommen werden. Beispiele dafür sind etwa die Frauen zugeschriebenen Eigenschaften der Fürsorglichkeit und Einfühlsamkeit.

Bei der Auswahl für die klassischen, am Aufstieg orientierten Karrieren und die Beförderung ins Topmanagement gilt nach wie vor eine Genderhierarchie. »›Men‹ are linked to the ›core business‹, […] while women are not mentioned« (Amstutz et al. 2020).

Der »alte weiße Mann« ist das Symbol dafür, dass männlich attribuierte Eigenschaften und Verhaltensweisen wie z. B. Durchsetzungsfähigkeit, Aktivität oder logisch-rationales Denken nach wie vor die Personalauswahl prägen. Personen mit diesen Eigenschaften und Verhaltensweisen entsprechen in den Augen zahlreicher Entscheider dem Prototyp einer geeigneten Führungskraft und erhalten einen Sympathiebonus, weil sie ihnen ähnlich sind. Diese Denkweise spiegelt sich oft auch in den Auswahlkriterien und Beurteilungssystemen von Unternehmen oder Personaldienstleistern wider, auch wenn sowohl aus strategischer Perspektive als auch aufgrund der Wunschvorstellungen zahlreicher Mitarbeitender andere Anforderungen an Führung gestellt werden, die vom Standard abweichende und eher den Frauen zugeschriebene Eigenschaften und Verhaltensweisen propagieren, wie etwa Empathie, Sensibilität, Anpassungsfähigkeit.

Stereotype Wahrnehmungsmuster machen Frauen in verschiedenen Zusammenhängen nach wie vor zu schaffen.

Zu nennen ist zunächst die generelle Beurteilung von Leistung und in ihrer Folge die gläserne Decke als unsichtbare Barriere, die den Aufstieg verhindert. Auch wenn sie in den vergangenen Jahrzehnten nach und nach etwas angehoben wurde, besteht sie immer noch fort. Dazu kommen unsichtbare Wände, die dazu führen, dass Frauen als Führungskräfte oft stärker hinterfragt werden. Infolgedessen fällt es Frauen angesichts ihrer kritischeren Wahrnehmung durch das Umfeld schwerer, sich zu exponieren, und oft versuchen sie, bestehende Zweifel an ihren Fähigkeiten durch mehr Leistung überzukompensieren. So stimmten bei der Erhebung zu den »Late Careers« von 2020/2021 nahezu 80 % der befragten Frauen der Aussage zu: »Ich habe die Erfahrung gemacht, dass ich mich bei der Übernahme einer höher gestellten Funktion mehr beweisen muss als Männer auf derselben Ebene.«

Fehler werden bei Frauen stärker negativ gewichtet als bei Männern und können Frauen in einer Führungsposition zügig zum freiwilligen oder erzwungenen Rückzug bewegen.

Erfahrene Stereotypisierungen und Diskriminierungen können fatale Wirkungen haben. Viele Betroffenen beziehen sie mit der Zeit auf sich selbst und richten ihre Erwartungen und Verhaltensweisen danach aus. Entscheider und Entscheiderinnen, die bewusst von bestehenden Prototypen abweichende Qualitäten fördern, gehen selbst das Risiko ein, generell oder zumindest beim ersten Fehltritt der geförderten Person hinterfragt zu werden.

Infolgedessen bewerten Frauen bewusst oder unbewusst ihre Chancen, beruflich weiterzukommen, als schlechter und trauen sich höhere Positionen umso weniger zu, je länger und je häufiger sie entsprechenden Erfahrungen ausgesetzt sind.

Letztlich trägt dies dazu bei, dass die »Eintrittskarte« für den Aufstieg in der Führungspipeline – etwa in die Geschäftsleitung oder in Gremien –, der für die Übernahme von Verwaltungsratsfunktionen nach wie vor eine ausgesprochen hohe Bedeutung zugewiesen wird (Abb. 2.7), nicht erworben wird.

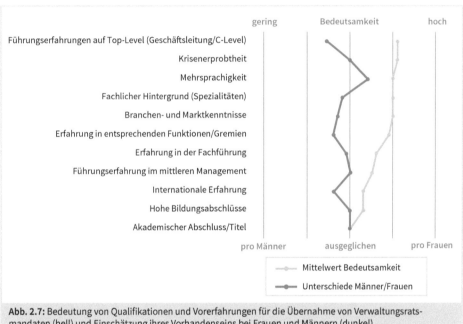

Abb. 2.7: Bedeutung von Qualifikationen und Vorerfahrungen für die Übernahme von Verwaltungsratsmandaten (hell) und Einschätzung ihres Vorhandenseins bei Frauen und Männern (dunkel) (Quelle: Olbert-Bock/Oberholzer 2022)

Dabei hätten Frauen viel zu bieten. Im Hinblick auf zahlreiche führungsrelevante Kompetenzen werden sie sogar positiver bewertet als Männer (Abb. 2.8).

Die Übernahme von Verwaltungsratsmandaten und Geschäftsleitungsfunktionen ist für Frauen nach wie vor besonders herausfordernd. Die Professionalität der Vorgehensweise bei der Besetzung von Mandaten, aber auch die Vielfalt möglicher Kandidaten und Kandidatinnen schwankt beträchtlich. Bereits die Veränderung des Zugangs zu kompetenten Kandidatinnen würde in vielen Fällen zu mehr Optionen führen und, ergänzt durch eine geeignete Auswahl, die Potenziale von Frauen besser ausschöpfen. Mit dem Projekt »Frauen in Topmanagement« wird das Ziel verfolgt, die Besetzung von Verwaltungsratsmandaten weiter zu professionalisieren und (neue) Wege zu finden, die Frauen den Zugang zu VR-Gremien erleichtern.

2 Erfahrungen aus unterschiedlichen Karrierestadien

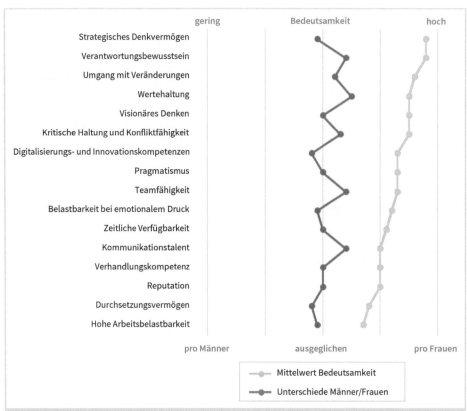

Abb. 2.8: Bedeutung von Kompetenzen und Eigenschaften für die Übernahme von Verwaltungsratsmandaten (hell) und Einschätzung ihres Vorhandenseins bei Frauen und Männern (dunkel) (Quelle: Olbert-Bock/Oberholzer 2022)

Frauen in Verwaltungsratsgremien und Geschäftsleitungen mittelgroßer Unternehmen: Lösungen für eine nachhaltige Förderung

Im Rahmen des Projekts wurden zwischen 2019 und 2022 Entscheiderinnen und Entscheider, die für die Besetzung von Mandaten verantwortlich waren, zu bestehenden Vorgehensweisen interviewt und schriftlich befragt. Frauen, die ein Mandat im Topmanagement anstrebten, wurden u. a. im Hinblick auf ihre bestehenden Netzwerke und ihre Netzwerkkompetenz interviewt und gecoacht. Die Darstellungen entstammen der schriftlichen Befragung aus dem Jahr 2021.

Das Projekt wird gefördert vom Eidgenössischen Büro für Gleichstellung, Bern.

Nach wie vor orientiert sich die Karriereförderung in Unternehmen an traditionellen Bildern. Neben den etablierten Instrumenten sind es die Entscheidenden und der Entscheidungsprozess, die Männer und männliches Verhalten immer wieder als unhinterfragten Standard begünstigen.

Dabei würde die Forderung nach einer auf die Zukunft ausgerichteten Führung und ihre Umsetzung Raum für ein Umdenken und verändertes Handeln zugunsten von Frauen eröffnen.

Nach wie vor erleben viele Frauen durch die Wiederholung bestehender Muster Zurückweisung in Bezug auf ihren Werdegang. Die ihnen zugeschriebenen Verhaltensmuster oder »Misfits« werden nach und nach von vielen in die Selbstbewertung übernommen. Damit werden Zuschreibungen zu »sich selbst erfüllenden« Prophezeiungen. Auch ist davon auszugehen, dass im Laufe der Zeit bei vielen Frauen die Bereitschaft nachlässt, sich noch länger über das Normalmaß hinaus anzustrengen.

So werden Rückkopplungseffekte ausgelöst, aufgrund deren sich betroffene Frauen sowie Ältere sehr gut überlegen, unter welchen Bedingungen sie sich dem Arbeitsmarkt zuwenden oder ihm erhalten bleiben wollen. Es ist rationales Verhalten, wenn Menschen Tätigkeiten bei für sie unpassenden Konditionen ablehnen.

Es gibt einen gordischen Knoten, den es zu durchtrennen gilt. Wichtig ist es, künftig Karrieremöglichkeiten unter Konditionen anzubieten, die den Vorstellungen und Möglichkeiten des Gegenübers entsprechen, auch wenn es sich dabei nicht um den Norm-Mitarbeiter oder die Norm-Mitarbeiterin handelt. Angesichts des Abbaus von Hierarchieebenen in Organisationen und der Forderung nach agilen Strukturen ist es ohnehin induziert, auch »agilere« Förderung zu betreiben und dafür zu sorgen, dass sich Potenziale unabhängig von demografischen Faktoren entfalten können.

Eine solche Veränderung muss auf allen Ebenen stattfinden. Es ist ein altbekanntes Problem, dass oberste Entscheider dies in ihrer Organisation oft fordern, sich aber selbst nicht verändern und den Veränderungsaufwand unterschätzen. Homophilie in der Unternehmensspitze prägt nach wie vor, was sich in der Organisation letztlich ereignen kann.

3 Personalentwicklung und weibliche Karrieren in Organisationen

Organisationen, die von den Potenzialen aller Mitarbeiterinnen und Mitarbeiter und unterschiedlichster Altersklassen profitieren wollen, sind gefordert, ihre expliziten und impliziten Personalpolitiken und -praktiken zu hinterfragen und zu erneuern. Aufgrund der komplexen »Gemengelage« ist das Verfolgen eines umfassenden Gesamtkonzepts wichtig. Es bringt nichts, einzelne Maßnahmen einzuführen, ohne sie im Zusammenhang mit bereits bestehenden Vorgehensweisen der Organisation zu betrachten.

Vereinzelt angewendete Maßnahmen können Inkonsistenzen verursachen, wenn beispielsweise Führungskräfte sich für Karriere und Förderung einsetzen sollen, ohne dazu die notwendigen Ressourcen, z. B. in Form von Zeit, zu erhalten. Auch muss die Einführung von Instrumenten wie z. B. veränderten Beurteilungskriterien mit der Kompetenzentwicklung derer einhergehen, die sie zielgerichtet einsetzen sollen. Ein Workshop zur Sensibilisierung für unbewusste Beurteilungsfehler kann z. B. die Einführung neuer Bewertungskriterien in der Personalbeurteilung begleiten.

Eine wirksame Förderung von Frauen auf der Ebene der Organisation tangiert deren Strategien, Strukturen und Prozesse sowie bestehende Normen und Werte. Häufig muss zunächst eingestanden werden, dass in der Organisation Beurteilungen nicht nur objektiv und Förderungen somit nicht rein leistungsorientiert erfolgen. Nicht selten kommt das einem Tabubruch gleich und erfordert viel Mut von Entscheidungsträgern.

Langfristig kommt man an einer konsistenten kulturellen, strategischen und operativen Erneuerung des Förderverständnisses innerhalb der Organisation nicht vorbei – wobei diese Erneuerung selbstverständlich in Etappen erfolgen kann und muss. Umso hilfreicher wäre es, neben einem Konzept und einer Analyse von Stärken und Handlungsfeldern einen Etappenplan aufzustellen und ihn mit Teilzielen und zu erreichenden Indikatoren zu unterlegen.

In diesem Kapitel wird auf die Möglichkeiten zur Förderung weiblicher Karrieren und innovativer Personalentwicklung eingegangen. Zunächst wird in Abschnitt 3.1 das Gesamtkonzept Career Building vorgestellt. In Abschnitt 3.2 wird das Career Screening vorgestellt, ein Analyseinstrument, das zur Identifizierung von Handlungsfeldern angewendet werden kann. Wie eine Organisation vorgehen kann, um sich auf Basis dieser Ergebnisse gezielt und organisationsentwickelnd für mehr Karrierevielfalt einzusetzen, beschreibt Abschnitt 3.3.

3.1 Personalentwicklung durch Laufbahnplanung

Zum Zweck einer systematischen Personalentwicklung wenden zahlreiche Unternehmen neben ihrer stellenbezogenen Personal- und Nachfolgeplanung eine personenbezogene Karriereplanung an. Die betriebliche Personal- und Karriereentwicklung verfolgt primär das Ziel, Arbeitnehmende aufgrund ihres Potenzials und ihrer Leistungsfähigkeit in die unter betrieblichen Gesichtspunkten bestmögliche Verwendung zu bringen. Sie beschreibt, wo Mitarbeitende eingesetzt werden können und sollen, sowie den Weg, über den dies erreicht werden kann. Wenn Einschätzungen der bisher erbrachten Leistungen erfolgen, dann meist über vergangene, formale Beurteilungen. Einschätzungen des Potenzials sind deutlich seltener. Oft wird versucht, über Assessments bzw. Potenzialeinschätzungen oder Kompetenzanalysen zu Aussagen zu gelangen, die aber nach wie vor erhebliche Risiken im Hinblick auf verschiedene Gütekriterien bergen (Olbert-Bock et al. 2017).

Zwar besteht bereits in traditionellen Organisationsformen die Notwendigkeit, neben den Bedarfslagen des Unternehmens auf individuelle Vorstellungen einzugehen, sie werden aber oftmals stark den betrieblichen Belangen untergeordnet. Gerade moderne Organisationsformen bieten immer seltener die Sicherheit traditioneller Organisationen an. Vielmehr gehen sie mit einer steigenden Unsicherheit und Instabilität einher, die den psychologischen Vertrag zwischen Unternehmen und Einzelnem brüchiger werden lassen. Infolgedessen ist die Verantwortung für die Karriere zunehmend in die Hand des bzw. der Einzelnen gelegt. Auch bietet die Erkenntnis, dass klassische Laufbahnen nicht zu den besten Einsatzergebnissen führen, Anlass, bestehende Vorgehensweisen in der Personalentwicklung zu hinterfragen.

Da Unternehmen – je nach Strategie und Bedeutung des/der Mitarbeitenden – hohe und steigende Erwartungen an die persönliche Einsatzbereitschaft und Kompetenzen haben, ist es aus strategischen Überlegungen und sozialer Verantwortung heraus sinnvoll, betriebliche Entwicklungs- und Positionierungsüberlegungen im Abgleich mit persönlichen Vorstellungen bzw. Karrierepraktiken und situativen Bedürfnissen vorzunehmen. Klassische Nachfolge- bzw. Laufbahnplanungen lassen sich um Bestandteile der Karriereentwicklung und Karriereberatung ergänzen bzw. teilweise dadurch ersetzen. Durch mehr Transparenz und Sicherheit für Mitarbeitende, deren eigene Ziele und persönliche Karrieremuster bekannt sind und soweit möglich in den Planungen des Unternehmens berücksichtigt werden, leisten diese einen Beitrag zur Zufriedenheit und Bindung der Mitarbeitenden.

Um sich ein ausgewogenes Bild zu machen und die Entwicklungsvorstellungen des/der Mitarbeitenden sowie seine bzw. ihre Selbstsicht im Hinblick auf Potenziale bzw. Kompetenzen zu erfassen, bietet sich die regelmäßige Durchführung von Personalentwicklungsgesprächen an. Den Kern dieser Gespräche bilden klassischerweise folgende Aspekte:
- Es werden die Vorstellungen des Mitarbeiters/der Mitarbeiterin in Hinblick auf seine bzw. ihre weitere Laufbahn erfasst und Vorschläge vonseiten des Unternehmens besprochen.

3.1 Personalentwicklung durch Laufbahnplanung

- Es findet eine Fremd- und Selbsteinschätzung (inklusive Abgleich) bestehender Kompetenzen statt und/oder
- es werden Maßnahmen zur Entwicklung des Mitarbeiters/der Mitarbeiterin definiert.

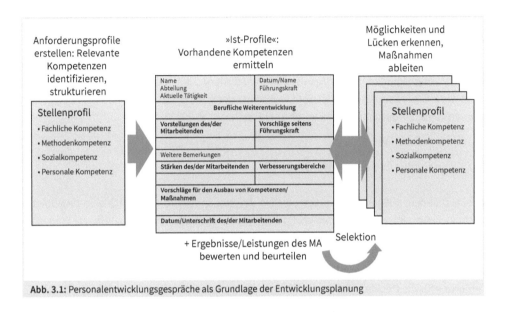

Abb. 3.1: Personalentwicklungsgespräche als Grundlage der Entwicklungsplanung

Personalgespräche und Karriereplanung werden zu einer umfassenderen Karriereberatung ausgebaut, bei der verschiedene Instrumente zum Einsatz kommen können:

- Es werden grundlegende Vorstellungen des Mitarbeiters/der Mitarbeiterin im Hinblick auf seine bzw. ihre weitere Karriere und offene Fragen im Hinblick auf unternehmensinterne und -externe Entwicklungsmöglichkeiten bzw. allgemeine Karrierekompetenzen besprochen.
- Es findet eine Fremd- und Selbsteinschätzung (inklusive Abgleich) bestehender Kompetenzen statt, die um eine Einschätzung des Karrieretyps und um relevante weitere Instrumente zur Selbsteinschätzung ergänzt werden.
- Anhand gemeinsamer Überlegungen werden Maßnahmen zur Entwicklung des Mitarbeiters/der Mitarbeiterin im Hinblick auf eine konkrete interne Entwicklung und/oder generelle Entwicklungsoptionen definiert.

Inwiefern spezielle Probleme im Rahmen einer internen Personalentwicklung besprochen werden können, wird sich je nach Unternehmenskultur vermutlich von Unternehmen zu Unternehmen stark unterscheiden. In vielen Fällen ist zu erwägen, ob einzelne Elemente einer Karriereberatung an externe Dienstleister/-innen ausgelagert werden sollen, um den Mitarbeitenden einen neutraleren Gesprächspartner bzw. eine neutralere Gesprächspartnerin anzubieten.

Ein solches Vorgehen bietet Vorteile im Hinblick auf den Karriereerfolg und die Bindung von Mitarbeitenden, indem ein klareres Bild von der Zukunft entwickelt werden kann, sich die Selbsteinschätzung verbessert, aber auch Berufschancen erkannt und wahrgenommen werden können.

3.2 Innovative Personalentwicklung und Frauenkarrieren

Um die Karriere von Frauen in Organisationen zu fördern, sind neue, innovative Lösungen gefragt wie z. B. die Durchgängigkeit der Förderung oder neue Führungskonzepte. Im Folgenden werden einige Förderinstrumente vorgestellt (Bischof et al. 2021a).

3.2.1 Individuelle Personalförderung

Die Laufbahnentwicklung von Frauen ab 45 in Unternehmen wird vermutlich eine zunehmend wichtige Rolle bei der Aufgabe spielen, Potenziale umfassend zu nutzen, qualifizierte Frauen an sich zu binden und Geschäftsstrategien nachhaltig umzusetzen. Es ist es erstaunlich, wie wenig die Zielgruppe durch Eigeninitiative der Unternehmen in den Fokus einer unternehmerischen Personalpolitik rückt, obschon der demografische Wandel mancherorts bereits eine Herausforderung für die Deckung des Fachkräftebedarfs darstellt und diese Problematik sich künftig verschärfen wird.

Karrieren werden sehr unterschiedlich bestritten (Olbert-Bock et al. 2014). Teilweise freiwillig, teilweise aber auch notgedrungen gehören Frauen häufiger dem flexiblen und eigeninitiativen Karrieretyp an als Männer. Auch im Hinblick auf Ältere fehlen in vielen Unternehmen passende Unterstützungsangebote auf der Ebene der Gesamtorganisation. Der Zugang zu an sich vorhandenen Maßnahmen ist oft mehr oder weniger bewusst systembedingt eingeschränkt.

Versucht man nun, durch Befragungen die Situation zu erfassen und Ursachen herauszufinden, steht man vor einem Problem: Diejenigen Frauen und Älteren, die zu geringe Unterstützung oder gar aktive Diskriminierung in ihrem Weiterkommen erlebt haben, haben sich damit abgefunden oder die Organisation verlassen. Entsprechend verweisen vor allem Schilderungen von Frauen mit Transitionen auf eine ausgeprägte Ignoranz von Organisationen, sowohl gegenüber ihren beruflichen Entwicklungswünschen als auch im Hinblick auf die Notwendigkeit, sie anders anzusprechen sowie Instrumente des HR entsprechend anzupassen. So äußert sich eine Betroffene wie folgt: »Das ist wie in einer privaten Beziehung – zu lange wird nicht wahr- oder nicht ernst genommen, was für eine Frau nicht mehr passt – und dann wundert man sich, wenn sie geht.« Gerade Frauen ab 45 wird von Organisationen bisher zu wenig im Interesse entgegengebracht.

Trotz der Notwendigkeit einer hohen Produktivität gilt es, immer wieder Zeit in das berufliche Fortkommen von Mitarbeitenden und damit in den Unternehmenserfolg von morgen zu investieren – unabhängig von Alter und Geschlecht. Letztlich geht es um die Bewältigung der Herausforderung, nachhaltige Arbeitssituationen zu schaffen. Leider ist dies nach wie vor nicht selbstverständlich. Vor dem Hintergrund der Teilhabe von Frauen in der Wirtschaft insgesamt erachten wir es als notwendig, die Förderung und Entwicklung von Frauen ab 45 in Unternehmen weiter aktiv voranzutreiben. Letztlich sind sie Vorbilder und prägen die Bereitschaft ihrer Kinder, sich beruflich mehr oder weniger zu engagieren.

3.2.2 Sinnhaftigkeit statt Bonus

In einer qualitativen Studie wurden Karrierefrauen auf C-Level interviewet und zu ihrem persönlichen Karriereerleben befragt. Zudem wurden sie befragt, ob sie in ihrer beruflichen Karriere eine Förderung erfahren haben oder eher auf Hindernisse gestoßen sind.

In zehn 1,5- bis 2,5-stündigen Tiefeninterviews bestätigten alle Frauen, dass ihnen die Sinnhaftigkeit ihrer Tätigkeit heute wichtiger ist als ein möglichst hoher beruflicher Status oder ein finanzieller Anreiz wie beispielsweise eine Bonuszahlung.

3.2.3 Frauenquote: ja oder nein?

Seit Jahren wird in Wirtschaft und Politik die Debatte darüber geführt, ob es eine Frauenquote braucht, damit der Frauenanteil in der Berufswelt, insbesondere auf C-Level, endlich ansteigt. Aus den Interviews haben wir hierzu sehr unterschiedliche Antworten erhalten. Bei der Analyse fielen zwei konträre Meinungsmuster auf: Diejenigen Frauen, die im Verlauf ihrer beruflichen Laufbahn eine individuelle Förderung erfahren hatten, lehnten eine Quotenregelung ab und meinen: »Ich habe es schließlich auch geschafft!« Jene Frauen, die in ihrer Karriere auf deutliche Hindernisse gestoßen waren oder vergeblich auf Förderung gehofft hatten, neigten eher dazu, die Regulation des Frauenanteils und eine Standardisierung in der Berufswelt zu befürworten, um anderen Frauen eine Förderung zu ermöglichen.

3.2.4 Den Ausstieg aus dem Unternehmen verhindern

Häufig haben über 45-jährige Frauen so viele firmeninterne Machtspiele erlebt, Hindernisse entgegengestellt bekommen, sich übermäßig engagieren müssen, dass sie finden: »Ich mache jetzt mein Ding.« Das ist ein Beleg dafür, dass Sinnhaftigkeit keineswegs nur für Angehörige jüngerer Generationen eine wesentliche Rolle spielt, sondern auch vielen erfahrenen Frauen in ihrer Tätigkeit fehlt – eine über der politischen Orientierung stehende Orientierung an der Sache, die Frauen im Übrigen gerne zum Nachteil ausgelegt wird.

Der Abgang wertvoller, langjähriger Mitarbeiterinnen stellt für viele Unternehmen, insbesondere für KMUs, einen großen Verlust von Potenzialen dar. Nicht selten liegt der Grund für den Verlust dieser wichtigen Zielgruppe darin, dass bestehende, in der Regel an traditionelle Karrieren orientierte Laufbahnkonzepte in Unternehmen im Hinblick auf Ältere und Frauen nicht ausreichend greifen.

Deshalb sind Unternehmen gut beraten, Führungskräfte, HR-Verantwortliche sowie Mitarbeitende stärker für das Thema »Karriere von Älteren und Frauen ab 45« zu sensibilisieren. Ein erster wichtiger Schritt hierfür wäre, die nach wie vor bestehenden Stereotype in Bezug auf Ältere und Frauen ab 45 aufzudecken und aktiv gegen sie anzugehen. Anstatt unangebrachte Stereotype aufrechtzuerhalten, sollte ein Bewusstsein dafür geschaffen werden, dass die Entwicklung jedes und jeder Einzelnen – auch von Älteren und Frauen ab 45 – eine wichtige Voraussetzung für eine nachhaltige Unternehmensentwicklung ist.

Mit der Sensibilisierung allein ist es aber noch nicht getan. Was Unternehmen neben einer Bewusstseinsstärkung benötigen, sind unterstützende Systeme und entsprechende Karrieremodelle und -optionen. Im Zuge der Ausgestaltung und Implementierung von Karriere- bzw. Laufbahnmodellen sind spezifische Bedarfe von älteren Mitarbeitenden und Frauen ab 45 zu berücksichtigen. Unternehmen brauchen spezifische Förderinstrumente, die darauf abzielen, die Workability und Employability aller Mitarbeitenden – auch von Älteren generell und älteren Frauen im Besonderen – aufrechtzuerhalten und gezielt zu fördern. Entwicklungsangebote, die bewusst darauf ausgerichtet sind, bilden eine gute Basis zur nachhaltigen Bindung und permanenten Weiterentwicklung aller relevanten Zielgruppen eines Unternehmens.

3.3 Career Building, Career Screening und »House of Careers«: Instrumente zur Förderung von (Frauen-)Karrieren ab 45

Ziel des nachfolgend beschriebenen Konzepts »House of Careers« ist es, eine Basis für die bedarfsorientierte Auswahl von Personalentwicklungsmaßnahmen zur Gestaltung und Förderung von (Frauen-)Karrieren ab 45 zu schaffen. In dieses Konzept integriert sind Maßnahmen, die auf die festgestellten Besonderheiten von Frauenkarrieren ab 45 reagieren, so z. B. die Unterstützung selbst gesteuerter Karrieren oder die Sensibilisierung für Alters- und Genderstereotype. Anders als bei jüngeren Arbeitnehmenden legt es ein besonderes Augenmerk auf die Notwendigkeit, Karrieren angesichts der Lebenssituation und bestehender Expertise stärker auszudifferenzieren.

Anhand der Themen- und Maßnahmenfelder können Organisationen Maßnahmen auswählen und sich fortwährend weiterentwickeln. Das Voranschreiten in Karriere- bzw. Personalentwicklungsfragen wird in Richtung kontinuierlicher, nachhaltiger Organisationsentwicklung verstetigt.

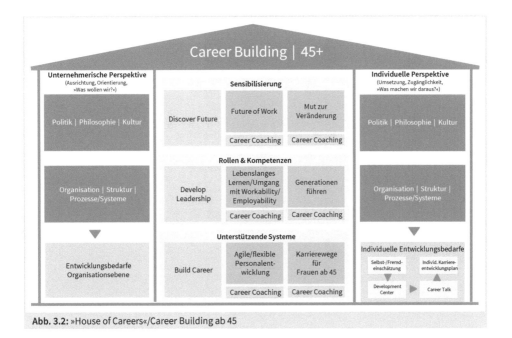

Abb. 3.2: »House of Careers«/Career Building ab 45

3.3.1 Career Screening

Organisationen, die von Beginn an einen umfassenden, analysegestützten Prozess anstreben, können vor der Auswahl von Maßnahmen ein Career Screening durchführen. Damit können sich Unternehmen einen generellen Eindruck von der strategischen Ausrichtung ihrer Personalentwicklung und der Karriereförderung verschaffen. Das Screening eignet sich besonders gut dafür, im Hinblick auf weibliche Karrieren ab der Lebensmitte Erfolgsfaktoren und Problembereiche in Ausrichtung und operativer Umsetzung zu erkennen und entsprechende Maßnahmen zu lancieren.

Das Screening steht in unmittelbarem Zusammenhang mit dem »House of Careers« und unterscheidet folgende Elemente (Abb. 3.3):
- auf strategischer Ebene: Politik, Philosophie und Kultur von Karriere- und Laufbahnentwicklung
- auf operativer Ebene: Organisation, Struktur und Prozesse/Systeme von Karriere- und Laufbahnentwicklung

Ergänzend werden Organisationen nach Wünschen zu konkreten Maßnahmen befragt. Die Inhalte orientieren sich an Erfolgsfaktoren und Herausforderungen der nachhaltigen Personalentwicklung sowie an der unternehmensinternen Karriereförderung generell und von Frauen ab 45. Genutzt wurden wissenschaftliche Vorarbeiten und Erkenntnisse. Das Screening sieht eine Operationalisierung der in Tab. 3.1 beschriebenen Aspekte vor.

3 Personalentwicklung und weibliche Karrieren in Organisationen

Abb. 3.3: Inhalte des Screenings

Aspekt	Operationalisierung/Beschreibung
Transparente Orientierung	Erfolgreiche Förderung setzt ein hohes Maß an Selbstverpflichtung voraus, die sich durch das Einfordern von Transparenz und durch die Unterlegung mit finanziellen Mitteln umsetzen lässt.
Vielfalt an Laufbahn- und Karrieremöglichkeiten	Die Entwicklung von Mitarbeitenden folgt in den jeweiligen Organisationen unterschiedlichen Mustern, und Mitarbeitende verfolgen unterschiedliche Wege. Förderung sollte Vielfalt unterstützen.
Gleichberechtigte Förderung	Es geht ausdrücklich um die Vermeidung von struktureller Diskriminierung. Die unterschiedliche Bewertung von Positionen in Frauen- und Männerdomänen oder typisch weiblicher Karrieremuster muss erkannt und ihr muss aktiv begegnet werden.
Orientierung an der Strategie und Personalplanung	Die prognostische Planung des künftigen Personalbestands in quantitativer und qualitativer Hinsicht sowie die Gewährleistung der Besetzung von Schlüsselfunktionen ist ein wesentliches Element strategischen Handelns und des Vermeidens von Personalrisiken (Redzepi et al. 2018).
Kompetenzorientierung	Stellenbesetzungen sollten sich an den Anforderungen orientieren. Voreingenommenheit aufgrund unbewusster Präferenzen, etwa aufgrund eines gedachten »Prototyps« von Führung, aus der einerseits Vorurteile und Benachteiligungen für den Einzelnen/die Einzelne und andererseits Nachteile hinsichtlich einer optimalen Stellenbesetzung für das Unternehmen/die Organisation entstehen können, ist zu vermeiden.

3.3 Career Building, Career Screening und »House of Careers«

Aspekt	Operationalisierung/Beschreibung
Rollenklarheit	Angesichts der zunehmenden Forderung nach Selbstverantwortung in Bezug auf Entwicklung und Förderung, die »klassische« Karrieremuster oft ablöst, sind Erwartungen an die Beteiligten zu klären und offenzulegen sowie Missverständnisse zu vermeiden.
Know-how in Bezug auf die Karriereförderung	Gute Prozesse und Praktiken nützen nur dann, wenn sie gelebt werden (können). Voraussetzung ist, dass Wissen über die Ziele und die korrekte Umsetzung von Praktiken vorhanden ist und die erforderlichen Ressourcen zu ihrer Umsetzung zur Verfügung gestellt werden.
Diskriminierungsfreiheit und Vermeidung von Stereotypen	Bezogen auf Alter und Geschlecht gibt es zahlreiche Formen der Diskriminierung, die auf verdeckten Stereotypisierungen basieren und in Selbstdiskriminierung münden können. Hierzu zählt etwa die ausdrückliche Bevorzugung jüngerer Bewerber/-innen (siehe Hille et al. 2019a, b) aufgrund einer mutmaßlich mangelnden Flexibilität Älterer, die dazu führen kann, dass Ältere eine Weiterentwicklung für sich gar nicht mehr in Erwägung ziehen. Es gilt, die Stereotypisierungen aufzudecken (Lutz 2018) und einen sie begünstigenden Diskurs zu unterbinden.

Tab. 3.1: Anforderungen an eine alters- und gendergerechte Karriere- und Laufbahnentwicklung

3.3.2 Mehr Karrierevielfalt durch »House of Careers«

Bislang ist die Bewertung auf strategischer Ebene allgemein für das Topmanagement, HR-Management und/oder Linienführungskräfte für die Personal- und Karriereentwicklung und im Besonderen im Hinblick auf Frauenkarrieren ab 45 vorgesehen. Es sind Bewertungen von 0 bis 6 möglich. Der beste Wert ist 6.

Da zusätzliche quantitative Befragungen der Mitarbeitenden in Unternehmen angesichts weit verbreiteter Mitarbeiterbefragungen zu Zufriedenheit, Commitment etc. oft kaum mehr möglich sind, sind sie nicht zwingend vorgesehen. Alternativ kann beispielsweise auch eine qualitative Experteneinschätzung im Workshop oder durch Kaderpersonen erfolgen.

Ergänzend zur Bewertung der Elemente auf der strategischen und operativen Ebene sieht eine weitere Spalte Handlungswünsche vor. Ein geringer vergebener Wert führt dabei nicht zwingend zur Einleitung von Maßnahmen, ein hoher nicht zwingend dazu, dass keine weiteren Maßnahmen eingeleitet werden sollten. Die Einschätzungen werden visualisiert, und es wird im Praxis-Wissenschafts-Dialog besprochen, ob und wo Aktivitäten prioritär vorgesehen sind und welche dies gegebenenfalls in einem ersten Schritt sein sollten.

»Kurzfristige Änderungen […] und einmalige Aktionen an der Oberfläche, die nicht zielführend sind, werden von der Belegschaft als solche entlarvt.« (Lutz 2018)

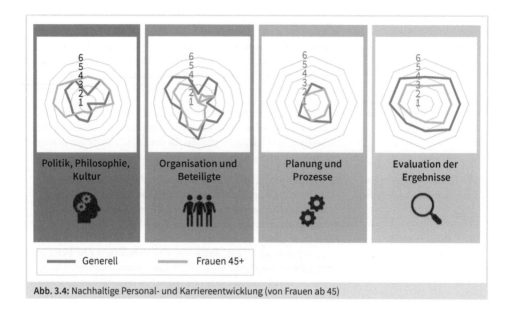

Abb. 3.4: Nachhaltige Personal- und Karriereentwicklung (von Frauen ab 45)

Damit die Aktivitäten kein Strohfeuer darstellen, sondern eine nachhaltige Personal- und Karriereentwicklung (von Frauen ab 45) entsteht, muss diese immer wieder ins Bewusstsein der Organisationsmitglieder gehoben und konzeptionell weiterentwickelt werden. Entsprechend empfehlen sich das »Nachlegen« weiterer Maßnahmen, die Darstellung der Aktivitäten im Rahmen der internen Kommunikation sowie die Wiederholung des Screenings in regelmäßigen Abständen.

3.4 Instrumente einer innovativen Personalentwicklung

Um wirksam zu sein, muss die Förderung von Frauenkarrieren, die durch die Wechselbeziehung der an der Karrieregestaltung Beteiligten sowie die Wechselbeziehungen zwischen Menschen und ihren Kontexten geprägt ist, an mehreren Punkten gleichzeitig ansetzen. Mit dem »House of Careers« besteht ein Konzept, das die zu fördernden Individuen in den Blick nimmt, genauso wie die Organisation mit ihren Strukturen und Prozessen und die zwischen beiden vermittelnden Führungskräfte. Es gibt einen Gesamtkatalog an Maßnahmen, der aufeinander abgestimmte Vorschläge für die Laufbahnentwicklung von Frauen, der Organisation und der Führungskräfte enthält. Mithilfe des Screenings können die bestehenden Stärken und die Lücken des Gesamtkonzepts erkannt werden, Organisationen können zielgerichtet Lücken in der Gestaltung von Frauenkarrieren schließen. Sie können ihre bereits etablierten Vorgehensweisen anreichern bzw. erneuern, ohne sich komplett neu aufstellen zu müssen.

Im Folgenden wird das Vorgehen zur Entwicklung und Umsetzung von Personalentwicklungsmaßnahmen vorgestellt.

3.4 Instrumente einer innovativen Personalentwicklung

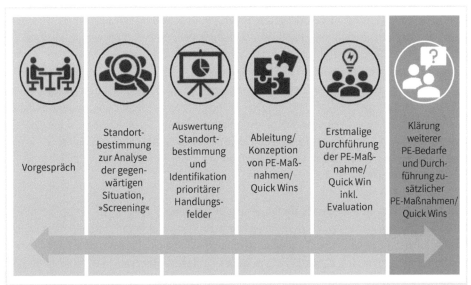

Abb. 3.5: Vorgehen bei der Entwicklung und Umsetzung von Personalentwicklungsmaßnahmen

3.4.1 Fokus: Individuum

Um herauszufinden, welche individuellen Entwicklungsbedarfe bei der Zielgruppe »Frauen ab 45« in den Organisationen existieren und welche PE-Maßnahmen es zur Deckung dieser bedarf, können Instrumente zur Anwendung kommen, die im Prozess der Bedarfserhebung und Maßnahmeneinleitung Unterstützung bieten. Nachfolgend werden die Module im Einzelnen erörtert.

Fragebogen zur Selbst-/Fremdeinschätzung
In einem ersten Schritt wird ein Fragebogen zur Selbst- und Fremdeinschätzung angewendet, der den Individuen Auskunft zum Status Quo hinsichtlich der Karrieregestaltung ab 45 geben soll. Der Fragebogen wird in einen Gesprächsleitfaden zur Durchführung von »Entwicklungsgesprächen 45+« integriert. Besonderes Augenmerk wird auf die gendersensible Ausgestaltung des Fragebogens und des Gesprächsleitfadens gelegt. Ein unternehmensbezogener Leitfaden soll die Möglichkeiten sowie die an die einzelnen Personen gestellten Anforderungen in geeigneter Weise formulieren, dokumentieren und kommunizieren.

Development Center zur Analyse bestehender Karrierekompetenzen
In einem weiteren Schritt wird ein Development Center (DC) zur vertieften Analyse der bestehenden Karrierekompetenzen sowie zur fundierten Erfassung der individuellen Stärken und Schwächen durchgeführt. Es soll die Teilnehmenden dabei unterstützen, realistische Perspektiven in Hinblick auf weitere Karrieremöglichkeiten zu entwickeln, und den Bestand an dafür erforderlichen typgerechten Karrierekompetenzen erfassen. Hierbei sollen insbesondere gendergerechte Aufgaben entwickelt werden. Denn in verschiedenen Projekten wurde deutlich, dass Frauen sich

weniger zutrauen und oftmals auch andere Herangehensweisen bei der Suche nach Lösungen haben als Männer. Diesen Unterschieden soll im Rahmen des DC Rechnung getragen werden.

Career Talk und Individueller Karriereentwicklungsplan

Im Anschluss an das DC sollen zwischen Führungskraft und Mitarbeitenden (Frauen ab 45) Career Talks durchgeführt werden, die in individuelle Karriereentwicklungspläne münden, in denen konkrete Entwicklungsschritte festgehalten werden. Zur Anleitung der involvierten Personen wird ein Drehbuch erarbeitet, das sowohl Vorgesetzte als auch Mitarbeitende ab der Durchführung des DC begleiten und Unterstützung bei der Einleitung individueller Entwicklungsmaßnahmen bieten soll.

Career Quick Wins und Coachings zur Förderung der Karriere

Um Einzelpersonen in ihrer Karriereentwicklung zu stärken, werden ihnen wahlweise bedarfsspezifische Career Quick Wins bzw. halbtägige Kurztrainings sowie individuelle Career Coachings angeboten, mit denen ein zeitgemäßes Karrierebewusstsein in Organisationen gefördert, die Bedeutung der Aneignung notwendiger neuer Kompetenzen untermauert sowie die Veränderungsbereitschaft unterstützt werden sollen.

Führungskräfte nehmen eine wesentliche Rolle als Vermittler zwischen Individuen und den organisationalen Strategien und Praktiken ein. Ja nachdem, wie gut sie die Ziele, Instrumente und Praktiken kennen und akzeptieren, werden sie sich für eine wirksame Umsetzung und die Entwicklung von Personen einsetzen können.

An wen sich die einzelnen Career Quick Wins richten und welche Ziele jeweils mit der Umsetzung der Maßnahmen bezweckt werden, darüber geben die nachfolgen Themenfeld-Übersichten Auskunft.

Career Quick Wins zum Themenfeld »Unterstützende Systeme«

Um Führungskräfte, HR-Verantwortliche und HR-Manager/-innen und Mitarbeitende (insbesondere Frauen ab 45) für das Thema »Karriere von Frauen ab 45« zu sensibilisieren, mögliche Karrierewege und -optionen aufzuzeigen und unterstützende Systeme zu entwickeln, werden nachfolgende Career Quick Wins angeboten:

Unterstützende Systeme	
Build Career	
Ziel:	Die Teilnehmenden wissen grundsätzlich um die Bedeutung der Karriereentwicklung/ Laufbahngestaltung, kennen die erforderliche Systematik und sind sich der Notwendigkeit der Gestaltung von Karrieren speziell für Frauen ab 45 bewusst.
Methodik:	Input, Praxisbeispiele, Übungen
Dauer:	4 Stunden
Zielgruppe:	Führungskräfte, HR-Verantwortliche/HR-Manager

3.4 Instrumente einer innovativen Personalentwicklung

Unterstützende Systeme	
Agile/flexible Karrierewege	
Ziel:	Die Teilnehmenden kennen zeitgemäße Wege der lebensphasenorientierten Karriereentwicklung/Laufbahngestaltung und wissen, wie sie ihre berufliche Entwicklung künftig agil/flexibel gestalten können.
Methodik:	Input, Praxisbeispiele, Übungen und Selbstreflexion
Dauer:	4 Stunden
Zielgruppe:	Führungskräfte, HR-Verantwortliche/HR-Manager, Mitarbeitende
Karrierewege für Frauen ab 45	
Ziel:	Die teilnehmenden Frauen wissen, wie sie im Alter ab 45 ihre Karriere innerhalb der eigenen Organisation gezielter gestalten können.
Methodik:	Input, Praxisbeispiele, Übungen und Selbstreflexion
Dauer:	4 Stunden
Zielgruppe:	Mitarbeitende (w), 45+

Tab. 3.2: Kurzbeschreibung der Career Quick Wins zum Themenfeld »Unterstützende Systeme«

Career Quick Wins zum Themenfeld »Rollen & Kompetenzen«

Mit der Absolvierung der nachfolgenden Career Quick Wins sollen die Teilnehmenden ein besseres Verständnis dafür entwickeln, welche Rollen und Kompetenzen für Entwicklungsprozesse bedeutsam sind und wie sich Workability und Employability von Mitarbeitenden (insbesondere von Frauen ab 45) erhalten lassen. Insbesondere Führungskräften soll vermittelt werden, welche Generationen- und Genderunterschiede vor allem in Hinblick auf die Karrieregestaltung existieren, wie sie mit diesen umgehen können und wie sie generationengerecht führen können.

Rollen & Kompetenzen	
Develop Leadership	
Ziel:	Die teilnehmenden Führungskräfte verstehen sich als Schrittmacher und wissen um ihre Rolle als Enabler künftiger Entwicklung. Sie verstehen Prozesse und setzen sie als Teil der lernenden, sich entwickelnden Organisation um.
Methodik:	Input, Praxisbeispiele, Übungen und Selbstreflexion
Dauer:	4 Stunden
Zielgruppe:	Führungskräfte, HR-Verantwortliche/HR-Manager
Lebenslanges Lernen/Umgang mit Workability/Employability	
Ziel:	Die Teilnehmenden verstehen das Ziel lebenslangen Lernens und können es für ihre Tätigkeit als HR-Verantwortliche oder in ihrer Funktion als FK interpretieren. Sie können mit ihren eigenen Ressourcen (Workability/Employability) umgehen.

3 Personalentwicklung und weibliche Karrieren in Organisationen

Rollen & Kompetenzen	
Methodik:	Input, Praxisbeispiele, Übungen und Selbstreflexion
Dauer:	4 Stunden
Zielgruppe:	Führungskräfte, HR-Verantwortliche/HR-Manager, Mitarbeitende
Generationen führen	
Ziel:	Die Teilnehmenden kennen die generationen- und genderspezifischen Unterschiede in der Karriereorientierung, wissen, wie sie mit ihnen umzugehen haben und wie sie generationengerecht führen können.
Methodik:	Input, Praxisbeispiele, Übungen und Selbstreflexion
Dauer:	4 Stunden
Zielgruppe:	Führungskräfte, HR-Verantwortliche/HR-Manager

Tab. 3.3: Kurzbeschreibung der Career Quick Wins zum Themenfeld »Rollen & Kompetenzen«

Career Quick Wins zum Themenfeld »Sensibilisierung«

Die Arbeitswelt ist im Wandel, und damit verbunden sind vielerlei Veränderungen innerhalb von Organisationen, sei es im Hinblick auf die Art und Weise der Zusammenarbeit, sei es in Hinblick auf individuelle Karrieremodelle. Die nachfolgenden Quick Wins sollen Impulse liefern, die den Teilnehmenden ermöglichen, sich für die Zukunft zu rüsten, mit Veränderungen umzugehen und sich auf Arbeitsmodelle der Zukunft vorzubereiten.

Sensibilisierung	
Discover Future	
Ziel:	Die Teilnehmenden können sich besser in Situationen ihrer eigenen Organisation bzw. Abteilung hineinversetzen und Veränderungsbedarf, bezogen auf die eigene berufliche Situation, besser erkennen und lancieren.
Methodik:	Input und kurze Übungen
Dauer:	4 Stunden
Zielgruppe:	Führungskräfte, HR-Verantwortliche/HR-Manager, Mitarbeitende
Future of Work	
Ziel:	Die Teilnehmenden (45+) kennen Herausforderungen und Trends der künftigen Arbeitswelt und können daraus Folgerungen für die eigene persönliche Entwicklung in der modernen Arbeitswelt ableiten.
Methodik:	Input, Praxisbeispiele, Übungen und Selbstreflexion
Dauer:	4 Stunden
Zielgruppe:	Führungskräfte, HR-Verantwortliche/HR-Manager, Mitarbeitende

Sensibilisierung	
Mut zur Veränderung	
Ziel:	Die Teilnehmenden (45+) wissen Bescheid über das strategische Denken und Planen im Rahmen von Change-Prozessen und können persönliche Change-Prozesse gezielter und erfolgreicher umsetzen.
Methodik:	Input, Praxisbeispiele, Übungen und Selbstreflexion
Dauer:	4 Stunden
Zielgruppe:	Führungskräfte, HR-Verantwortliche/HR-Manager, Mitarbeitende

Tab. 3.4: Kurzbeschreibung der Career Quick Wins zum Themenfeld »Sensibilisierung«

Career Coachings

Die Career Coachings sind so aufgebaut, dass Coachee und Coach sich im Nachgang der Career Quick Wins zum Coaching treffen. Im Fokus des Coachings stehen die Unterstützung des/der Coachee im Hinblick auf seine/ihre Karriere innerhalb der eigenen Organisation sowie den Ausbau seiner/ihrer Karrierekompetenzen. Hierzu können bzw. sollten die Coaches auf das in den Quick Wins vermittelte Wissen zurückgreifen.

3.4.2 Fokus: Unternehmen

Parallel zu den Career Quick Wins für Mitarbeitende werden Personen aus dem Bereich HR-Development und Organisationsentwicklung drei Kurztrainings angeboten, die die Ausgestaltung und Implementierung von Karriere-/Laufbahnmodellen für Frauen ab 45 in einer Organisation gewährleisten sollen. Diese Quick Wins sollen auf organisationaler Ebene das Bewusstsein dafür schaffen, dass die Entwicklung des/der Einzelnen Voraussetzung für die Unternehmensentwicklung ist, und die Basis für eine nachhaltige organisatorische Verankerung des Themas in den beteiligten Organisationen legen. Mit den nachfolgend genannten Maßnahmen soll ein wichtiger Beitrag zur nachhaltigen Organisationsentwicklung geleistet werden.

Organisation	
Prozess/System	
Ziel:	Die Teilnehmenden kennen die Möglichkeiten zur Gestaltung von HR-Development-Prozessen und die notwendige Systematik zur nachhaltigen Implementierung von Karriere-/Laufbahnmodellen (für Frauen ab 45).
Methodik:	Input und kurze Übungen
Dauer:	4 Stunden
Zielgruppe:	HR-Verantwortliche/HR-Development-Manager/Organisationsentwickler

3 Personalentwicklung und weibliche Karrieren in Organisationen

Organisation	
Struktur	
Ziel:	Die Teilnehmenden wissen um die strukturelle Einbettung neuer Karriere-/Laufbahnmodelle, insbesondere jener für Frauen ab 45, und können diese gezielter im Sinne von Change-Prozessen umsetzen.
Methodik:	Input, Praxisbeispiele, Übungen und Selbstreflexion
Dauer:	4 Stunden
Zielgruppe:	HR-Verantwortliche/HR-Development-Manager/Organisationsentwickler
Kultur	
Ziel:	Die Teilnehmenden wissen um die Bedeutung individueller Entwicklungsmöglichkeiten für die Unternehmensentwicklung, um deren Voraussetzungen und um Möglichkeiten der kulturellen Verankerung dieses Mindsets.
Methodik:	Input, Praxisbeispiele, Übungen und Selbstreflexion
Dauer:	4 Stunden
Zielgruppe:	HR-Verantwortliche/HR-Development-Manager/Organisationsentwickler

Tab. 3.5: Kurzbeschreibung der Career Quick Wins zum Themenfeld »Organisation«

Reflexionsworkshop
Zum Schluss einer Entwicklungsperiode findet ein Reflexionsworkshop mit allen Beteiligten statt, der das Jahresprogramm reflektieren und gleichzeitig zur Evaluation von Erlerntem dienen soll. Dieser Workshop unterstützt die Nachhaltigkeit des Konzepts, um eine kontinuierliche Verbesserung und Anpassung zu gewährleisten.

3.4.3 Beispielhafte Umsetzung in einer Pflegeorganisation

Nach der Entwicklung der verschiedenen Instrumente zur Standortevaluation konnten wir diese in verschiedenen Organisationen, so auch in einer Ostschweizer Pflegeorganisation mit über 100 Mitarbeitenden, einsetzen. Beim Screening wurden u. a. folgende Gegebenheiten als Teil der Ist-Situation eruiert werden:
- Aufgrund von Beobachtungen in »Critical Incidents« macht überwiegend die Geschäftsleiterin den Mitarbeitenden Vorschläge zur Weiterentwicklung.
- Führungskräfte setzen sich deutlich weniger für die Entwicklung von Mitarbeitenden ein und sehen die bereichsübergreifenden Potenziale der Belegschaft bzw. von einzelnen Mitarbeitenden kaum.
- »Es braucht zu viel, dass sich Personen nochmals bewegen.«
- Frauen stehen sich im Hinblick auf ihre eigene Entwicklung oft selbst im Weg, während Männer, die weiterwollen, auch weiter sind (auch wenn manche Mitarbeitenden gar keine Entwicklungsziele haben).

Nach einer sauberen, möglichst ganzheitlichen Erfassung der Ist-Situation erfolgte ein Austausch darüber, wie die Situation optimiert werden kann. Unter anderem beschloss die Pflegeorganisation für die Zukunft, dass

- ... sich jede/-r in der Organisation fachlich und persönlich weiterentwickeln soll,
- ... die Führungskräfte mehr mitdenken und sich intensiver mit der Entwicklung von Mitarbeitenden auseinandersetzen und sich für sie einsetzen sollen,
- ... Frauen mit Selbstzweifeln bewusster gefördert werden sollen und
- ... alle sich mehr für die eigene Weiterentwicklung einsetzen sollen, unabhängig von Alter und Geschlecht.

Ausgehend von diesen Zielen wurden anschließend Maßnahmen zu ihrer Realisierung konzipiert. Unter anderem kristallisierte sich heraus, dass in der Organisation ein »Update« der Beurteilungsprozesse und dazugehöriger Instrumente erfolgen sollte, um das Thema »Entwicklung« in den entsprechenden Prozessen und Instrumenten zu verankern. Die Weiterentwicklung des Beurteilungsprozesses und der Instrumente erfolgte z. B. dahingehend, dass bei der Führungskräftebewertung die Aspekte »Entwicklung von Mitarbeitenden« sowie »Entwicklungsvorstellungen und Einschätzungen durch die Führungskraft« ergänzt wurden. Dadurch konnte z. B. gewährleistet werden, dass Führungskräfte mehr in die die künftige Aufgabe »Entwicklung« eingebunden wurden, denn fortan wurden sie u. a. auch dahingehend beurteilt, ob sie dieser Führungsaufgabe auch gerecht wurden.

Damit sich die Führungskräfte ihrer zusätzlichen Rolle als »Entwickler/-innen« annehmen und stellen konnten, wurde eine Workshopreihe zur Sensibilisierung und Vorbereitung der Führungskräfte auf ihre künftige Zusatzaufgabe konzipiert. Die entsprechenden als Quick Wins durchgeführten Workshops sollten den Führungskräften der Pflegeorganisation eine themenspezifische Sensibilisierung ermöglichen. Unter anderem sollten die Führungskräfte

- die Bedeutung von Entwicklung begreifen, d. h. die Notwendigkeit, dass sich die Organisation durch ihre Mitglieder stets weiterentwickelt (Menschen »wachsen«, wenn Leistung und Engagement wertgeschätzt werden),
- sich über unterschiedliche Erwartungen an das Entwicklungsengagement der Organisationsmitglieder/des eigenen Teams klar werden,
- Klarheit über die eigene Rolle als Entwickler/-in und damit verbundene Aufgaben gewinnen sowie
- Besonderheiten im Hinblick auf mitarbeitende Frauen und ältere Mitarbeiter/-innen erkennen.

Unter anderem mit diesen Maßnahmen legte die Pflegeorganisation ein solides Fundament, um das Thema »ganzheitliche Entwicklung« in der Führungsarbeit zu verankern sowie den Führungskräften das dazu erforderliche Mindset sowie die entsprechenden Instrumente mit auf den Weg zu geben.

3.5 Fazit

Weibliche Karrieren verlaufen recht unterschiedlich und entsprechen in vielen Fällen nicht traditionellen Vorstellungen. Es werden aber vor allem traditionelle Karrieren mit hierarchischem Aufstieg gefördert und honoriert: Wer diesem Muster entspricht, fährt besser, zumindest, was objektive Kriterien anbetrifft.

Die Förderung verschiedener Karrierearten trägt dazu bei, dem oft vom Standard abweichenden Werdegang von Frauen besser gerecht zu werden und alternatives Verhalten nicht durch das Abverlangen von Mehrengagement oder durch einen geringeren objektiven Karriereerfolg zu bestrafen. Angesichts des Abbaus von Hierarchieebenen ist dies ohnehin wichtig, will man einen den inhaltlichen Zielen wenig dienlichen Wettbewerb um die wenigen verbleibenden Aufstiegspositionen nicht noch stärker anheizen.

Damit verändertes Verhalten auf allen Ebenen einer Organisation ermöglicht wird, ist der Kontext von Führung darauf abgestimmt zu gestalten. Das heißt, jede Führungsebene ist gefordert, die bestehende Logik ihres Handelns zu reflektieren, damit nicht ungewollt doch immer wieder alte Muster als stetiger Begleiter des Change fortgeschrieben werden.

Dazu gilt es, die bestehenden Instrumente der Personalführung auf der Ebene der Organisation zu überprüfen und konsistent zum Geforderten neu auszurichten. Die Beurteilungskriterien bei der Auswahl, Performancebewertung, Belohnung und Beförderung müssen aktualisiert werden. Soziodemografische Merkmale sind aus der Förderung und Entwicklung zu verbannen, da sie Personen gegeneinander ausspielen, ohne sich an den dahinter liegenden leistungs- oder kompetenzbezogenen Zielen zu orientieren. Unabhängig von Geschlecht und Alter geht es um Erfahrung, Wissen, Innovation. Der Katalog an Performancekriterien ist hier entsprechend zu erweitern.

Da Organisationen und die Gesellschaft zu Stigmatisierungen neigt, kommt man an einer Veränderung des individuellen und kollektiven Mindset nicht vorbei. Alters-, Geschlechts- und andere Stereotype basieren auf einer fehlenden Reflexion des informellen Handelns und unvollkommener Kompetenz. Bezogen auf intersektionale Aspekte fehlt es an Wissen und Wahrnehmung. Ansatzpunkte zur Veränderung des Mindsets sind die Steigerung von Sensitivität, Kompetenz und Reflexion.

4 Organisationale Konzepte für eine innovative Personalentwicklung

4.1 Erkenntnisse aus einer Befragung von Frauen

Frauenkarrieren verlaufen häufig anders als die ihrer männlichen Kollegen. Frauen sind bis heute seltener in Führungspositionen und in Geschäftsleitungen zu finden. Der Wandel der Arbeitswelt und neue Arbeitsformen gemäß New Work beeinflussen auch die Karriereverläufe von Frauen, insbesondere von Frauen ab 40.

Wir sind daher der Frage nachgegangen, wie gut Frauen ab 40 ihre Karrieren nach eigener Einschätzung entwickeln können, wo sie Unterstützung erlebt haben oder auf Hindernisse gestoßen sind und wie sie sich ihre Zukunft vorstellen.

4.1.1 Karrierezufriedenheit

Zu Beginn der Umfrage haben wir Frauen, die aktuell 40 Jahre und älter sind, gebeten, ihre Zufriedenheit mit ihrer bisherigen Karriere (Abb. 4.1) einzuschätzen. Alle Frauen gaben an, »Ausbaukapazität« zu haben. Vor allem beim »Erreichen beruflicher und finanzieller Ziele« und der Zufriedenheit mit der »bisherigen Nutzung der eigenen Kompetenzen und Potenziale« sahen sie Verbesserungspotenzial.

Offenbar verzichten Unternehmen freiwillig darauf, die Potenziale ihrer weiblichen Angestellten voll und ganz zu nutzen. Der Aussage »Frauen bleiben in Vergleich zu Männern unter ihren Möglichkeiten« stimmten 40 % der Umfrageteilnehmerinnen ganz und weitere 20 % teilweise zu.

Die gezielte Nutzung von Potenzialen und Kompetenzen von Frauen wird in vielen Organisationen und Unternehmen vernachlässigt. Unsere Befragung fand während der Covid-19-Pandemie statt. In dieser Zeit war die Sicherung von Arbeitsplätzen für viele Unternehmen prioritäre Aufgabe. Da kamen insbesondere Förderinitiativen eher zu kurz. Spätestens in der Post-Covid-Periode sollten Unternehmen daher der Personalentwicklung und Förderung von Potenzialen einen besonders hohen Stellenwert einräumen.

4 Organisationale Konzepte für eine innovative Personalentwicklung

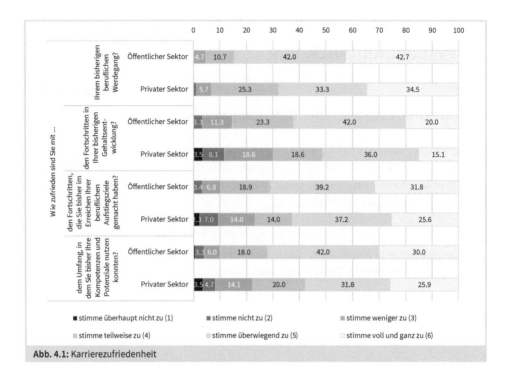

Abb. 4.1: Karrierezufriedenheit

4.1.2 Gleichberechtigte Förderung

Ob Frauen aus der Perspektive der über 40-Jährigen gleichberechtigte Förderung erfahren? Die Meinungen hierzu gehen auseinander.

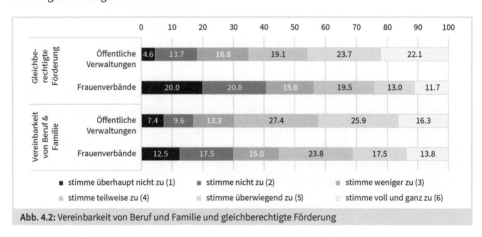

Abb. 4.2: Vereinbarkeit von Beruf und Familie und gleichberechtigte Förderung

45 % der Umfrageteilnehmerinnen aus Verbänden bestätigten, dass sie teilweise oder gänzlich gleichberechtigte Förderung im Vergleich zu ihren männlichen Kollegen erfahren hatten. Bei den Teilnehmerinnen, die im öffentlichen Sektor beschäftigt waren, waren es sogar 70 %. Rund

ein Drittel der Befragten aus Verbänden profitierte von Laufbahnmodellen zur Vereinbarkeit von Beruf und Familie.

Häufig genannte Besonderheiten weiblicher Karrieren sind, dass Frauen in Vergleich zu Männern:
- eher undankbare Positionen annehmen,
- bei der Steuerung ihrer Karriere eher auf Eigenregie angewiesen sind,
- für ihr Vorankommen mehr leisten müssen,
- bei Neubesetzungen benachteiligt werden.

Einige dieser Besonderheiten gehen bereits in Richtung Diskriminierung. Im Vorfeld zu der hier präsentierten Befragung wurden zehn Karrierefrauen in Geschäftsführungspositionen interviewt (Bischof et al. 2020). Diese qualitative Studie erfolgte im Rahmen eines Förderprojekts für weibliche Karrieren ab 45. In den Interviews bestätigten die Frauen die genannten Besonderheiten: »Als Frau musst du immer etwas mehr leisten«, sagte z. B. eine selbstständige Personalberaterin.

Darüber hinaus spiegelten sich manche dieser Besonderheiten in der Erfahrung der Befragten wider (Abb. 4.3).

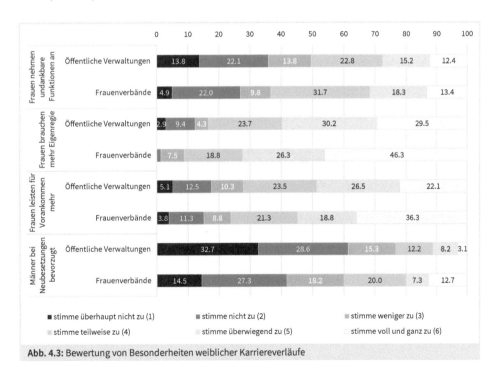

Abb. 4.3: Bewertung von Besonderheiten weiblicher Karriereverläufe

Ein Drittel der befragten Frauen hatte schon einmal eine Funktion angenommen, die Männer eher ablehnten. 75 % der Frauen teilten die Aussage, dass Frauen im Vergleich zu Männern mehr auf Eigenregie angewiesen sind, um voranzukommen.

Der Aussage »Frauen müssen für ihr Vorankommen mehr leisten als Männer« stimmte die Hälfte der befragten Frauen zu. Auch im Hinblick auf die Neubesetzung von Stellen gaben 25% an, dass sie zwar vorgeschlagen worden, aber letztlich doch Männer zum Zuge gekommen seien.

Weiter waren 33 bis 47% der Befragten der Meinung, dass sie im Vergleich zu ihren männlichen Kollegen in puncto Aufstieg und Verantwortungsübernahme unter ihren Möglichkeiten geblieben seien. Die Erwartungen in Bezug auf ältere Frauen sind genauso ernüchternd: Die Mehrheit der Befragten war der Ansicht, dass bei gleicher Qualifikation Mitarbeitende über 40 und vor allem Frauen über 40 weniger häufig gefördert werden als jüngere Mitarbeitende und Männer.

Laut der befragten Frauen treten Männer sowohl als Förderer als auch als Verhinderer in Erscheinung. Frauen hingegen sind häufig Förderinnen und stehen anderen Frauen deutlich seltener im Weg. 80% der Befragten gaben an, jüngere Frauen bei ihren Karrieren zu unterstützen, soweit sich die Gelegenheit dazu biete. Damit kann das sogenannte Queen-Bee-Syndrom (Bienenkönigin-Syndrom), wonach Frauen andere Frauen in ihrem sozialen Aufstieg behindern, verneint werden.

4.1.3 Diskriminierungserfahrungen und Stigmatisierungen

Unsere Ergebnisse zeigen, dass im öffentlichen Sektor das Lebensalter mehr honoriert wird als in anderen Bereichen. Wir vermuten, dass hierbei die Berufserfahrung zählt. Im Gegensatz dazu berichten Frauen aus dem privatwirtschaftlichen Bereich, Vorteile aufgrund ihres Geschlechts erfahren zu haben. Unabhängig davon, in welchem Sektor sie tätig sind, erfahren Frauen mit Kindern vielerorts und vielfach Nachteile.

Etliche Befragte schilderten im freien Textfeld konkrete Diskriminierungserfahrungen, vielfach mit »Mehrfachdiskriminierungen bzw. Intersektionalität«, was bedeutet, dass erst die Kombination von mindestens zwei Diskriminierungskomponenten zur eigentlichen Diskriminierung führt (etwa die Kombination »Geschlecht weiblich« und »Mutterschaft«). Auch »Alter« ist ein Diskriminierungsattribut. Frauen geben an, sich im Berufsleben entweder zu jung oder zu alt zu fühlen, da sie bei Angabe ihres Alters auf Vorurteile stoßen. Eine Befragte schilderte sehr eindrücklich, dass sie in jungen Jahren keinen Job erhielt, weil es ihr an Erfahrung fehlte. Als sie dann mit Ende 40 wiedereinsteigen wollte, sagte man ihr, es mangle ihr an Kompetenzen. Mit 56 wurde sie dann aufgrund von Sparmaßnahmen und ihres Alters entlassen. Letztere Problematik betrifft generell auch Männer, jedoch deutlich weniger ausgeprägt. Die Attribute »Alter« und »Mann« werden oft positiv mit »erfahren und wohlhabend« konnotiert. Ältere Frauen gelten als unbequem, was bisweilen unterstützend mit negativen Metaphern beschrieben wird.

Auch die »Beschäftigung jenseits des Normalarbeitsverhältnisses« scheint ein Problem darzustellen. Nach Erfahrung der Befragten gibt es in Teilzeitarbeitsverhältnissen keine Aufstiegsmöglichkeiten. Darüber hinaus werden, so ihre Erfahrung, Scheinargumente aufgrund von Tabus eingesetzt, um diskriminierende Praktiken zu kaschieren.

Die Frage der »Ansprechbarkeit von konkreten Diskriminierungserlebnissen« wurde von einem Drittel der Befragten klar mit einem Nein beantwortet, und ein weiteres Viertel sah sie nur zum Teil gegeben. Diskriminierungen aufgrund von Mutterschaft und sexuelle Belästigung am Arbeitsplatz werden häufig erlebt. Die Befragten sagten, dass Mütter und Teilzeitmitarbeiterinnen für Führungspositionen kaum infrage kämen. Generell wird Mutterschaft eher mit Teilzeit in Verbindung gebracht, was das Übertragen weniger interessanter Tätigkeiten und ein geringeres Gehalt zur Folge hat. Viele Frauen wurden im Vorstellungsgespräch nach ihrer Familienplanung gefragt und erlebten eine Beförderungsdiskriminierung aufgrund ihres Geschlechts und der Mutterschaft. Es ist auffällig, wie oft Nachteile mit Mutterschaft in Verbindung gebracht werden. Die meisten Diskriminierungserfahrungen beziehen sich auf dieses Attribut.

Und wie gehen Frauen mit Stigmatisierungen um? Die Befragten konnten drei Varianten wählen: die ausdrückliche Abgrenzung gegenüber Stigmatisierungen, die direkte Ansprache und Richtigstellung sowie die gänzliche Ignorierung einer Diskriminierung. Die Ergebnisse zum Umgang mit Stereotypen sind konform zu anderen Studien: Wenn überhaupt, wird die geschlechtsbezogene Diskriminierung richtiggestellt. Die Altersstereotypisierung wird in der Regel ignoriert. Frau »drückt hier ein Auge zu«, was dringenden Handlungsbedarf auf Organisationsebene erfordert.

4.1.4 Veränderungswünsche und Employability

Auf die Frage »Streben Sie eine Veränderung Ihrer beruflichen Laufbahn an?« antwortete ein Drittel der Befragten aus öffentlichen Verwaltungen und ca. die Hälfte der Befragten aus den Verbänden mit Ja. Verknüpft man dies mit den Ergebnissen aus dem Fokusthema »Interne & externe Employability« (interne Aufstiegsmöglichkeiten und Möglichkeiten am externen Stellenmarkt), fällt auf, dass mehr als 80 % ihr Wissen und ihre Erfahrung als nützlich für den internen Stellenmarkt betrachten. Das heißt, die Frauen hätten gute Chancen auf eine Veränderung. Dennoch vollziehen nur wenige einen beruflichen Wechsel.

Die Chance, aufgrund ihrer Qualifikationen und Erfahrung leicht eine neue Stelle in der Organisation zu bekommen, bewertete aber je nur ein Drittel als gut – was womöglich auf die Vorliebe für formale Abschlüsse und den Trend zur Höherqualifizierung zurückzuführen ist. Die Popularität der eigenen Qualifikation für den externen Stellenmarkt bewerteten zwei Drittel als positiv. Hingegen waren lediglich 40 % der Ansicht, dass sie aufgrund ihrer Erfahrung extern eine neue Stelle finden würden. Insgesamt wurde damit die Bedeutung der eigenen Erfahrung für den externen Arbeitsmarkt etwas geringer eingeschätzt.

4.1.5 Technisierung und Digitalkompetenzen

Im letzten Teil der Befragung wurde das »Vorhandensein von Digitalkompetenzen« bei Älteren und Frauen untersucht. Insgesamt wurde die Digitalisierung eher als Chance betrachtet, und zwar etwas mehr für Jüngere und vor allem im öffentlichen Sektor eher für Männer. Frauen halten sich sowohl im Hinblick auf ihre Technikkompetenz als auch im Hinblick auf ihre fachlichen und überfachlichen Kompetenzen insgesamt gut für die Digitalisierung gerüstet.

Wenn man die Folgen der Digitalisierung betrachtet, sehen die Befragten für die nächsten Jahre zum Teil einen Reskilling-Bedarf. Lediglich die Hälfte der Befragten sahen in neuen Arbeitsplatzmodellen wie Homeoffice und Remote Work einen Vorteil sowie ein Indiz für mehr Chancengleichheit. Um den Einfluss der Covid-19-Pandemie abschätzen zu können, stellten wir hierzu noch zwei Abschlussfragen. Drei Viertel gingen weder aktuell noch im Hinblick auf die Zukunft davon aus, dass die Pandemie negative oder positiven Folgen zeitigen wird.

4.1.6 Fazit

Die Ergebnisse unserer Befragung zeigen deutlich, dass Frauen zu oft ihre Potenziale nicht entfalten können und damit unter ihren Möglichkeiten bleiben. Das Geschlecht allein wird zwar selten als Diskriminierungsanlass gesehen und bisweilen sogar als Vorteil genannt, aber die Kombination von Geschlecht und Alter und/oder Mutterschaft führt vielfach zu Diskriminierungen.

Zudem wurde konstatiert, dass zu wenige Frauen von Laufbahnmodellen der Vereinbarkeit von Beruf und Familie profitieren konnten. Da auch Teilzeitstellen in der Regel keine Aufstiegsmöglichkeiten bieten, sind neue Jobprofile, vielfältigere Karrierewege und Laufbahngestaltungsmöglichkeiten vonseiten der Unternehmen zu fördern, damit die Zielgruppe, Frauen über 40, ihr Potenzial ausschöpfen kann und Chancengleichheit etabliert wird.

Vor allem unternehmens- und gesellschaftspolitisch muss ein Umdenken im Hinblick auf Mutterschaft und »ältere« Frauen stattfinden, und es braucht ein anderes Mindset – Diskriminierungen müssen angesprochen und ansprechbar gemacht werden. Nur so können gemeinsam Lösungen entwickelt werden.

4.2 Innovative Personalentwicklung durch New Work – Förderung von Self-Leadership

Unsere Arbeitswelt verändert sich momentan so grundlegend wie seit der Industrialisierung nicht mehr. Während Organisationen bisher mehrheitlich hierarchisch organisiert waren, vollzieht sich derzeit ein großer Umbruch in Richtung Selbststeuerungssysteme (wie z. B. durch die Einführung von Holacracy oder die Anwendung agiler Methoden wie Scrum), bei denen jeder Einzelne viel Eigenverantwortung übernehmen und Selbstführung leisten muss. Mit der Arbeitswelt 4.0 werden neue Arbeitsformen verbunden, die durch Flexibilität, Agilität und einen Wertewandel geprägt sind (Genner et al. 2017). Dieser Veränderungsprozess führt in Unternehmen zu zunehmend dynamischen Projekt- und Teamstrukturen, virtueller Kollaboration und Kommunikation oder netzwerkartigen Arbeitsstrukturen. Daraus ergeben sich ganz andere Formen der Zusammenarbeit und Führung (Leadership) (Avolio/Gardner 2005) sowie völlig neue Karriereverläufe. Die Verantwortung für die eigene Entwicklung und Karriere liegt bei jedem selbst (Hirschi 2011) und nicht bei der Organisation. Die Herausforderungen für die Arbeitnehmer von morgen sind vielfältig, und es gibt nur wenige Leitplanken in dieser VUKA[4]-Welt. Daher ist eine kognitive, verhaltensbezogene sowie emotionale Selbstführung umso entscheidender. Um zukünftige Arbeitskräfte auf diese grundlegende Umstellung in Organisationen vorzubereiten – grundlegend, da von jedem und jeder Einzelnen eine andere Haltung gefordert wird –, sollten Selbstführungskompetenzen gestärkt und erweitert werden.

Um die Mitarbeitenden für diese Neuerungen zu sensibilisieren und sie darauf vorbereiten zu können, müssen auch Personalentwickler/-innen ihre Beratungspraxis umstellen. Mit herkömmlichen Karrierekonzepten, Kompetenzanalysen oder Wertebestimmungen können vor allem die hochdynamischen und einer permanenten Veränderung unterworfenen Aspekte des Personalwesens nicht mehr ausreichend adressiert werden. Ziel der Personalentwicklung in Unternehmen ist es, Mitarbeitende in der Erarbeitung ihres Persönlichkeitsprofils, ihrer Selbstführung und Selbstführungskompetenzen zu unterstützen und ihnen anhand von Life-Design-Methoden (Nota/Rossier 2015) und Visualisierungstechniken (Bischof 2017) die Planung einer beruflichen Perspektive und Karriere zu erleichtern.

Warum dieser Fokus auf Selbstführung? In evolutionären bzw. selbst gesteuerten Organisationssystemen werden traditionelle Organigramme und Arbeitsstrukturen wie z. B. Abteilungen und Prozesse durch aufgabenbezogene Rollen und sinngesteuerte Gruppen (»purpose-driven circles«, Laloux 2014) ersetzt. Zielvereinbarungen und Beurteilungen wie in herkömmlichen Organisationsformen fallen weg, die Mitarbeitenden werden nicht von jemandem geführt, der die strategischen Ziele im Blick hat. Stattdessen ist jeder Einzelne dafür verantwortlich, im Sinne des Unternehmens mitzudenken und zu handeln. Es werden keine Zeitpläne oder Abgabefristen vom Vorgesetzten definiert, sondern die Kunden und Kundinnen mit ihren Bedürfnissen sind die Taktgeber (hierbei werden auch andere unternehmensinterne Gruppen als Kunden betrachtet). Diese neuen Formen der Arbeitsorganisation erfordern ein hohes Maß an Mitdenken, unternehmerischem Denken, Planung, Organisation, Qualitätssicherung, Abstimmung, Kommunikationsfähigkeit usw. von jedem und jeder Einzelnen.

Viele dieser Kompetenzen werden typischerweise Frauen zugeschrieben, beispielsweise eine höhere Kommunikationskompetenz und die Fähigkeit, den Überblick zu behalten.

---

4 Akronym für Volatilität (Unbeständigkeit), Unsicherheit, Komplexität und Ambiguität (Mehrdeutigkeit). Der Begriff wurde in den 1990er-Jahren von militärischen Sicherheitsexperten geprägt und wird heute für die Beschreibung von Unternehmenskontexten verwendet.

4.2.1 Self-Leadership als Voraussetzung für Empowering Leadership

Selbst organisierte, agile Systeme wie beispielsweise Holacracy erfordern von den involvierten Personen ein hohes Maß an Self-Leadership-Kompetenz (Bischof 2019). Dabei beinhaltet Self-Leadership die Fähigkeit zu Selbstmanagement, Selbstorganisation und Selbstmotivation (Manz/Sims 1987), Kooperationsvermögen sowie spezielle Kommunikations- und Reflexionsfähigkeiten. Self-Leadership kann analog zu Furtner so definiert werden: »Effektives Self-Leadership ist eine zentrale Grundvoraussetzung für die transformationale Führung, Empowering Leadership und Superleadership« (Furtner/Baldegger 2016). Unter Superleadership versteht man das Befähigen von Geführten zu Selbstbestimmung und Autonomie, wobei Self-Leadership eine sehr zentrale Rolle spielt. »Self-Leadership bezieht sich auf einen zielorientierten selbstbeeinflussenden Prozess« (Furtner/Baldegger 2016). Das, was wir bisher in holokratischen Organisationen beobachten konnten, kann am besten durch den Führungsansatz »Empowering Leadership und Shared Leadership« beschrieben werden. Empowering Leadership zielt darauf ab, die Geführten zu mehr Self-Leadership zu befähigen, die Macht mit ihnen zu teilen und sie so zu fördern, dass sie sich schließlich selbst führen können. Shared Leadership findet dann statt, wenn das Team über ein vollkommenes Empowerment verfügt. Alle Mitglieder eines Teams übernehmen Führungsverantwortung und teilen sich die Führung, Macht und Wissen. Die Förderung von Self-Leadership steht im Mittelpunkt dieses Führungsansatzes. »Die Führungskraft kontrolliert ihre egoistischen Tendenzen mittels ausgeprägter Selbstkontrolle und zeigt durch die Teilung der Macht ein stark sozialisiertes Machtmotiv« (Furtner/Baldegger 2016). Positive Auswirkungen von Empowering Leadership (Superleadership) ergeben sich auf allen Ebenen, sowohl für das Individuum als auch für das Team und die Organisation. Die positiven Effekte zeigen sich in

- der Förderung von Kreativität und Innovation,
- dem Teilen von Wissen und Macht,
- der Förderung von Autonomie und Handlungsspielräumen,
- einem Engagement für die Organisation (Commitment) und einer intrinsischen Motivation,
- der Effektivität, der Leistung und dem Wachstumspotenzial der Organisation sowie
- einer höheren Mitarbeiterzufriedenheit und geringeren Fluktuation (Furtner/Baldegger 2016).

Die Einführung und Förderung von Empowering Leadership und insbesondere Shared Leadership ist zeitaufwendiger und erfordert höhere Investitionen als die Etablierung einfacherer Führungsstile. Langfristig zeigen sich aber die oben beschriebenen positiven Effekte, die die Überlebenschance der Organisation erhöhen.

4.2.2 Self-Leadership als individualisierte Personalentwicklung

Die gezielte Förderung von Kompetenzen Mitarbeitender entspricht auch dem Konzept der individualisierten Personalentwicklung auf organisationaler Ebene. Bislang wurden Mitarbeitende häufig in grobe Kategorien eingeteilt und dann gefördert. Auch hierbei ist es von großem Vorteil, wenn sich die Mitarbeitenden ihrer eigenen Kompetenzen bewusst sind und für ihre persönliche Entwicklung die Selbstführung übernehmen. Laut Gubler stärkt eine »individualisierte Personalentwicklung [...] nicht nur die Kompetenzen der Mitarbeitenden, sondern führt auch zu höherer Motivation und Zufriedenheit – beides wesentliche Faktoren zur Senkung der Fluktuationsrate.« (Gubler 2014)

Selbstführung spielt somit in zukünftigen Arbeitswelten und New Work eine immer größere Rolle, da sich derzeit bereits sehr viele Organisationen in Richtung selbst steuernder Systeme entwickeln. Und: Selbstführung kann gefördert werden. Wichtige Elemente von Self-Leadership sind:
- eigenständige Zielsetzungen, Beobachten und Kontrollieren der Zielerreichung
- (intrinsische) Motivation
- positives Denken
- (Er-)kennen von Sinn und Zweck der eigenen Tätigkeit
- Selbstbelohnung

Alle diese Anteile von Self-Leadership sind in holokratischen Systemen notwendig und sollten gefördert werden. Dies könnte ein Weg für die individualisierte Personalentwicklung sein.

Ein positiver Nebeneffekt der Förderung von Self-Leadership als Kompetenz ist, insbesondere bei Frauen, die stärkere Fokussierung auf motivierende Zielsetzungen im eigenen Wirkungsbereich. Frauen übernehmen vielfach mehr Verantwortung für die Gemeinschaft und Gruppe als Männer.

Abb. 4.4: Ebenen von Self-Leadership (Quelle: Bischof 2020)

Die hohe Eigenständigkeit, die Übernahme von Verantwortung für eine oder mehrere Rollen, das Einbringen bislang wenig oder nicht genutzter Kompetenzen und das unternehmerische Denken sind der Selbstführung oft förderlich. Eine Herausforderung stellen häufig der eigene Leistungsanspruch oder die Notwendigkeit dar, sich an neue Kommunikations- und Denkformen mit starkem Fokus auf motivierende Zielsetzungen zu gewöhnen.

Teil 2:
Frauenkarrieren aus situativer Perspektive

5 Berufliche Möglichkeiten für Frauen ab 45

Jagen wir einem Phantom nach? Oder haben Frauen, »Ältere« und insbesondere »ältere« Frauen tatsächlich nicht dieselben Möglichkeiten wie Männer, sich beruflich zu entfalten?

Trotz allen Datenmaterials, das im Hinblick auf Geschlechterunterschiede bei der beruflichen Entwicklung und Honorierung eine eindeutige Sprache spricht, werden diese Unterschiede immer wieder angezweifelt, und zunehmend macht sich das Phänomen »Gender Fatigue« breit (WEF 2018).

Country Score Card	rank	score	avg	female	male	f/m
Economic participation and opportunity	34	0.739	0.586			
Labour force participation	34	0.905	0.669	79.7	88.1	0.90
Wage equality for similar work (survey)	44	0.696	0.632			0.70
Estimated earned income (PPP, US$)	35	0.700	0.502	53,362	76,283	0.70
Legislators, senior officials and managers	59	0.514	0.324	33.9	66.1	0.51
Professional and technical workers	87	0.925	0.740	48.1	51.9	0.93
Educational attainment	80	0.991	0.949			
Literacy rate	1	1.000	0.876	99.0	99.0	1.00
Enrolment in primary education	90	0.993	0.739	93.2	93.9	0.99
Enrolment in secondary education	120	0.975	0.955	84.5	86.7	0.97
Enrolment in tertiary education	1	1.000	0.928	58.4	57.3	1.02
Health and survival	108	0.970	0.955			
Sex ratio at birth	1	0.944	0.921			0.95
Healthy life expectancy	117	1.029	1.034	74.5	72.4	1.03
Political empowerment	29	0.320	0.223			
Women in parliament	35	0.481	0.284	32.5	67.5	0.48
Women in ministerial positions	27	0.400	0.208	28.6	71.4	0.40
Years with female head of state (last 50)	19	0.162	0.189	7.0	43.0	0.16

Abb. 5.1: Scorecard für die Schweiz (Quelle: WEF 2018)

5 Berufliche Möglichkeiten für Frauen ab 45

Der demografische Wandel, der zu befürchtende Fachkräftemangel, die revolutionäre Veränderung der Arbeitswelt und ihre Digitalisierung verlangen von Organisationen eine innovative Personalpolitik. Frauen und ihr Potenzial gelten als noch nicht ausreichend genutzt. Laut dem Schweizer Bundesamt für Statistik (BFS) (Szenario 2010–2060) soll die Erwerbsquote von Frauen in Zukunft steigen. Auch gelten Frauen als besonders interessant für die Lösung von Problemen, die sich in der Schweiz und in anderen Industrieländern angesichts der demografischen Entwicklung stellen.

Eine aktive Weiterverfolgung von Chancengleichheitszielen ist notwendig, um weitere Fortschritte zu erzielen und die »Rolle rückwärts« zu verhindern: Der Gendergap-Report des WEF positioniert die Schweiz im Hinblick auf die Frage der Gleichstellung der Geschlechter 2018 im globalen Vergleich auf Platz 20 nach Bulgarien und Südafrika. Die spezifischen Werte für die Schweiz sind in der Scorecard in Abb. 5.1 dargestellt. Besonders auffällig ist der geringe Frauenanteil in politischen Ämtern. Dieses Ergebnis deckt sich mit einer Aussage aus unseren Experten- und Expertinneninterviews: »Wir stehen vor so vielen sehr drängenden Problemen, und es kann nicht sein, dass die zu 70% von den Männern gelöst werden.«

Während in Unternehmen die Karrieren und Entwicklungsmöglichkeiten jüngerer Personen und Frauen in den letzten Jahren viel Aufmerksamkeit erfahren haben, lässt sich dies für ältere Frauen nicht in gleicher Weise konstatieren. Generell werden in Organisationen Personen ab 45 zu wenig gezielt gefördert, auch wenn ihre Erwerbsbeteiligung in der Schweiz vergleichsweise hoch ist. Insbesondere für Frauen fehlen in Unternehmen jedoch Maßnahmen, die eine bessere Förderung von Karrieren ab 45 ermöglichen und attraktive Möglichkeiten der Beschäftigung und Entwicklung bieten, um das Potenzial weiblicher Erwerbspersonen möglichst umfassend auszuschöpfen. Unabhängig von tatsächlichen Unterbrechungszeiten oder Reduktionen der Arbeitszeit geben viele Frauen ab dem 45. Lebensjahr ihre Karriereambitionen auf und resignieren (Kricheldorff/Schramkowski 2015).

Die Forschungsergebnisse stehen im Kontrast zu den viel lieber zitierten »Durchstarterinnen«. Doch auch bei ihnen sollte nicht vergessen werden, dass sie oft von einer völlig anderen Ausgangsbasis starten als Männer. Vermutlich finden Karrieren nur unter der Voraussetzung einer hohen Eigeninitiative statt, sodass es eher die Ausnahme darstellen dürfte, wenn Frauen ähnlich erfolgreich »durchstarten« wie Männer.

Gemäß der International Labour Organization, die zur Datenerhebung telefonische Befragungen durchführt, anstatt sich auf die An- und Abmeldungen der Arbeitsämter zu beziehen, ist die Erwerbslosenquote älterer zwar nicht höher als die jüngerer Personen, die der Frauen aber höher als die der Männer.

Was die berufliche Entwicklung betrifft, so verdienen Frauen, die derselben Tätigkeit nachgehen, weniger als Männer (Abb. 5.2) und sind deutlich seltener in Entscheidungsfunktionen.

5.1 Berufliche Entwicklung von Frauen, Älteren und älteren Frauen

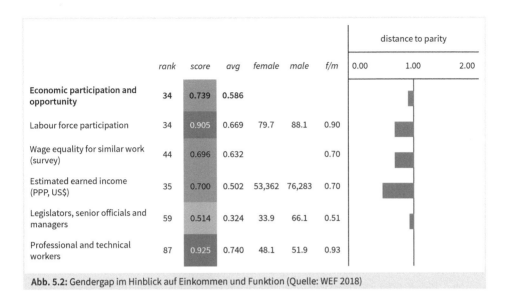

Abb. 5.2: Gendergap im Hinblick auf Einkommen und Funktion (Quelle: WEF 2018)

Während Frauen 39% der Gesamtbelegschaft ausmachen, sind sie im mittleren Management nur zu 23% vertreten, im Topmanagement zu 15% und auf der Ebene der Geschäftsleitung zu 8% (Olbert-Bock et al. 2020).

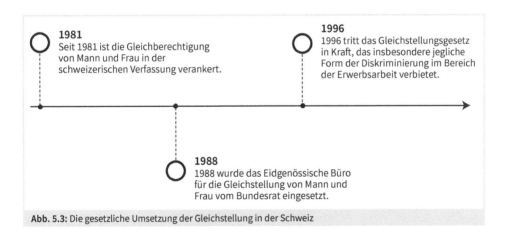

Abb. 5.3: Die gesetzliche Umsetzung der Gleichstellung in der Schweiz

5.1 Berufliche Entwicklung von Frauen, Älteren und älteren Frauen

Aus den Erfahrungen unserer jahrelangen Forschungen zu Frauenkarrieren ergibt sich ein Bild, wonach Ältere in Unternehmen oft keine aktive Entwicklung erfahren. Dies gilt insbesondere im Hinblick auf Frauen ab 45. Dennoch scheinen Befragte aus unseren Erhebungen in Unternehmen nach eigenen Angaben mit ihrer aktuellen Situation zufrieden zu sein. Erklärungen für dieses Phänomen zu finden ist einfach. So wird die Bedeutung der Arbeit im Vergleich zu anderen Lebenszielen um die Lebensmitte generell relativiert. Dies umso mehr, je häufiger die Erfahrung gemacht wird, dass man trotz Einsatz beruflich nicht mehr weiterkommt, oder beobachtet, wie zäh die berufliche Entwicklung auch bei anderen verläuft, und man bei genauem Hinsehen immer wieder auf Gender- und Altersstereotype stößt.

Laut Hille et al. (2019a) geben zwischen 40% und 50% der Unternehmen an, dass sie bei Neueinstellungen bei gleicher Qualifikation zumindest teilweise jüngere Personen älteren vorziehen und Ältere ihre Chancen am Arbeitsmarkt entsprechend schlechter einschätzen als Jüngere.

Während Männer je nach Karriereverlauf ab einem Alter von 45 Jahren zum Teil auch keine weitere Förderung erhalten, kommt für Frauen erschwerend hinzu, dass sich ihre Karriere bis dahin bereits weniger gut entwickelt hat, weshalb sie für weitere Schritte als weniger geeignet gelten. Sie haben mit anderen Stereotypen aufgrund ihres Geschlechts und/oder Familienstands zu kämpfen. Die »Gender Fatigue« (WEF 2018) macht das Gleichstellungsthema trotz bestehender Problematiken immer weniger diskutierbar.

Letztlich gelten ältere Frauen im weiteren Verlauf ihrer Karriere als weniger unterstützungswürdig als jüngere und werden in der Arbeitswelt auch anders wahrgenommen als ältere Männer (Bauer/Fröse 2015). Ist bei Männern das Alter mit einem Zuwachs an Kompetenz, Führungsfähigkeit und Verhaltenssicherheit verbunden, so scheint dies bei Frauen anders zu sein. So werden beispielsweise Frauen im Unterschied zu Männern immer wieder im Hinblick auf ihre Führungsfähigkeiten hinterfragt. Geringste Unstimmigkeiten werden genutzt, um sie für nicht tragbar zu erklären. Frauen in Führungspositionen, die in den Fünfzigern sind, werden eher als unpassend beschrieben als Männer. Nach wie vor erschwert dies den Frauen, bis zum Rentenalter aktiv im Erwerbsleben zu bleiben (Flynn 2008; Bardasi/Jenkins 2002).

Angesichts der demografischen Entwicklung und der zunehmenden Digitalisierung ist dies sowohl aus gesellschaftlicher als auch aus wirtschaftlicher Perspektive problematisch. Bei steigender Lebenserwartung werden die Altersrenten kaum finanzierbar bleiben. Insbesondere Frauen werden angesichts oftmals geringerer Einkommensmöglichkeiten während ihrer aktiven Zeit auch geringere Renten beziehen als Männer.

Bereits heute geben zahlreiche Unternehmen an, dass die Besetzung von Fach- und Führungsfunktionen schwierig ist (Hille 2019a, b; Olbert-Bock/Redzepi 2018). So fühlen sich 56% bzw. 59% der KMU und 74% der Großunternehmen betroffen vom Fachkräftemangel (Hille 2019a, b; Olbert-Bock/Redzepi 2018). 2013 ermittelte der Schweizer Bundesrat 301.600 zusätzliche Vollzeitstellen, die durch eine Steigerung der Erwerbsbeteiligung von Frauen hätten besetzt werden können – teilweise durch Reduzierung der Unterbeschäftigung, die bei Frauen um die Lebensmitte am ausgeprägtesten ist (siehe Unterbeschäftigte und Unterbeschäftigungsquoten, BFS 2019), und darüber hinaus durch Verlängerung der Lebensarbeitszeit über das Pensionierungsalter hinaus, wozu beinahe die Hälfte kürzlich befragter Arbeitnehmenden bereit war (Hille et al. 2019a, b).

Bereits heute liegen noch knapp 20 Jahre Berufstätigkeit ab der Lebensmitte vor dem möglichen Renteneintritt, in denen kaum mehr aktive Entwicklung betrieben wird. Angesichts des rapiden Voranschreitens der Digitalisierung und der sinkenden Halbwertszeit von Wissen (bzw. »Wissensrelevanzzeiten«) ist es bereits heute riskant, die Weiterentwicklung ab der Lebensmitte zu vernachlässigen. Vor dem Hintergrund der Beschleunigung wirtschaftlicher Entwicklungen bei gleichzeitig längerer Erwerbstätigkeit erscheint dies geradezu absurd.

5.2 Karriereentwicklung in Organisationen

Generell sind Personalentwicklungsmaßnahmen in Unternehmen bisweilen schwierig zu rechtfertigen. Sie sind zu teuer, oder die Opportunitätskosten in Bezug auf das »daily business« scheinen – oft aus der Perspektive von Mitarbeitenden selbst – zu hoch, sollen die kurzfristigen, permanent hohen Produktivitätsziele erreicht werden.

Personalentwicklung und die Förderung weiblicher Talente ab 45 in Unternehmen wird vermutlich eine zunehmend wichtige Rolle spielen, wenn es darum geht, qualifizierte Frauen an Unternehmen zu binden, um die Geschäftsstrategien an Schweizer Standorten weiterhin umsetzen zu können. Es ist erstaunlich, dass diese Zielgruppe nicht aus Eigeninitiative der Unternehmen in den Fokus der unternehmerischen Personalpolitik rückt, obwohl der demografische Wandel eine Herausforderung hinsichtlich der Deckung des Fachkräftebedarfs darstellt und diese Problematik sich künftig verschärfen wird.

Karrieren werden sehr unterschiedlich bestritten (Olbert-Bock et al. 2014), und insbesondere Frauen sind bei der Karrieregestaltung oft sehr viel flexibler als Männer. Für Frauen allgemein, für ältere Frauen und Männer und insbesondere für Frauen ab 45 fehlen in vielen Unternehmen passende Unterstützungsangebote auf der Ebene der Gesamtorganisation oder ist der Zugang zu an sich vorhandenen Maßnahmen oft unwissentlich systembedingt eingeschränkt.

Schilderungen von Frauen mit Transitionen weisen auf eine recht ausgeprägte Ignoranz in Organisationen hin, sowohl gegenüber ihren beruflichen Entwicklungswünschen als auch im Hinblick auf die Notwendigkeit, sie anders anzusprechen und Instrumente entsprechend anzupassen.

Angesichts der Gesamtsituation hinsichtlich der Teilhabe von Frauen an der Wirtschaft erachten wir es als notwendig, die Förderung und Entwicklung von Frauen ab 45, die leider nach wie vor nicht selbstverständlich ist, in Unternehmen weiter aktiv voranzutreiben. Wir haben den Eindruck, Unternehmen ein wenig zu ihrem Glück zwingen zu müssen: Letztlich geht es um die Bewältigung der Herausforderung, nachhaltige Arbeitssituationen zu schaffen. Obwohl eine hohe Effektivität wichtig ist, sollte ein Unternehmen in das Vorankommen seiner Mitarbeitenden investieren, um eine nachhaltige Entwicklung zu gewährleisten.

Von einer Förderung werden neben den Frauen selbst die Unternehmen und die Volkswirtschaft als Ganzes profitieren, wenn dadurch der Erhalt, die Verfügbarkeit und die Zugänglichkeit von Potenzialen in Zeiten des demografischen und digitalen Wandels verbessert werden.

Um dies zu erreichen, muss auch die Gesellschaft einen Beitrag leisten: Typische Frauenjobs müssen genauso lukrativ werden wie Jobs, die überwiegend von Männern ausgeübt werden: finanziell, aber auch im Hinblick auf die gesellschaftliche Anerkennung, damit sie nicht zur beruflichen Sackgasse werden, aus der es keinen »Karriereausweg« mehr gibt. Gerade späte Karrieren können nicht angemessen gestaltet werden, ohne geschlechtsspezifischen Besonderheiten Rechnung zu tragen.

Eine weitere Hürde für Karrieren von Frauen ab 45 besteht im Kontext des sozialen und technischen Wandels (der Digitalisierung) und in der Kontroverse über Chancen oder besondere Risiken gerade für diese Personengruppe. So gelten Fähigkeiten zur Nutzung digitaler Medien und Technologien sowie erweiterte Fähigkeiten in herkömmlichen, überfachlichen Kompetenzkategorien des kritisch-reflexiven Denkens, der Metakognition und des Fragenstellens, die Kombinationsfähigkeit und die Fähigkeit zur Vernetzung oder Kommunikation/Kooperation als wesentliche, künftig relevante »Digitalkompetenzen« von Arbeitnehmenden (Olbert-Bock et al. 2016; Olbert-Bock/Redzepi 2021). Dies kann im Hinblick auf die sozialen Kompetenzen von Frauen einerseits als für sie günstig gewertet werden. Andererseits ist fraglich, ob sie sich die notwendigen technikorientierten Fähigkeiten ausreichend selbst zugestehen, ob sie ihnen zugestanden werden und welchen Einfluss dies auf ihre weitere berufliche Entwicklung hat. Digitale Kompetenzen sind der elementare Antrieb für die gegenwärtige Veränderung und Transformation. Wer über diese Kompetenzen verfügt, wird auch in Zukunft in Organisationen eine wichtige Rolle spielen und Funktion übernehmen.

6 Frauen im Topmanagement

Der Frauenanteil im Topmanagement liegt in vielen Ländern deutlich unter dem Männeranteil. Nach wie vor besteht eine deutliche Differenz im Hinblick auf die Beteiligung von Frauen und Männern an Führungsfunktionen und ihre Repräsentation in Boards (ILO 2019 OECD 2016; schillingreport 2019).

Unter anderem liegt dies daran, dass Frauen oft bereits der Zugang zu vorausgehenden qualifizierenden Funktionen in der Management-Pipeline erschwert wird. Sie können daher nicht ein von vielen als notwendig erachtetes »Ticket lösen«. Als Gründe dafür werden oft Faktoren angeführt, wonach z. B. Frauen mit entsprechender Ausbildung sich den falschen (inhaltlichen) Aufgaben zuwenden und einen zu geringen Führungsanspruch stellen (WEF 2018 würden, sich z. B. weniger häufig für Topmanagement-Funktionen bewerben und sich diese seltener zutrauen als gleich qualifizierte Männer (Powell/Butterfield 1994). Die große Bedeutung, die vorausgehenden exekutiven Führungsfunktionen bei der Besetzung von Boardpositionen zugewiesen wird, stellt damit eine weitere Hürde dar, an der viele kompetente Frauen nach wie vor scheitern.

Darüber hinaus orientiert sich die tatsächliche Besetzungspraxis im Topmanagement oft weniger an systematischen und transparenten Vorgehensweisen, als die offizielle rationale Argumentation vermuten lässt, sondern basiert auf spezifischen Netzwerken, zu denen Frauen nur bedingt Zugang erhalten und die oft in ihrer Bedeutung unterschätzt werden.

Die erfolgreiche Besetzung von KMU-Geschäftsleitungen und Verwaltungsratsmandaten mit kompetenten Frauen stellt für mittelgroße Unternehmen eine bisweilen größere Herausforderung dar als für Großunternehmen, die ihnen dank ihrer Bekanntheit und Ressourcen überlegen sind. Während es in Großunternehmen bereits Initiativen gibt, die dem Ziel dienen, die Anzahl an Verwaltungsrätinnen zu erhöhen (z. B. Get Diversity, VR-Management, Women on Board), spezifische Förderprogramme zu etablieren und umzusetzen, sind die Aktivitäten in kleinen und mittleren Unternehmen noch weniger systematisch und durchgängig.

Einerseits gibt es auch in mittelgroßen Unternehmen oft den Wunsch, aus Konformitätsgründen einen höheren Frauenanteil im Topmanagement aufweisen zu können. Auch hätten sie dadurch Zugang zu einem größeren Talentpool, aus dem sie Kandidatinnen für Boards rekrutieren könnten. Viele Unternehmen haben vor dem Hintergrund einer wachsenden Komplexität von Problemen, des Wunschs nach Erneuerung des (Gesamt-)Führungsverhaltens von Boards sowie der Forderung nach einer Gleichstellung von Frauen und Männern ein wachsendes Interesse daran, die Anzahl von Frauen in strategischen Gremien zu erhöhen. (Das Schweizer Parlament beschloss z. B. für große börsennotierte Unternehmen einen Geschlechterrichtwert von 20 % in Geschäftsleitungen und von 30 % in Verwaltungsräten.)

Die erfolgreiche Besetzung von Verwaltungsratsmandaten mit Frauen gestaltet sich für Unternehmen nach wie vor schwierig, obwohl inzwischen genügend gut qualifizierte Kandidatinnen zu finden sind (Aebi 2017; Lammers 2018). KMU haben im Vergleich zu Großunternehmen noch größere Schwierigkeiten, die Mandate entsprechend zu vergeben.

Bisher spielen persönliche Kontakte der aktuellen Topmanager und meist männerdominierten informellen Netzwerke eine große Rolle. Bestehende Muster werden mehrheitlich fortgeschrieben, was das Risiko selbstreferenziellen Handelns mit sich bringt. Zudem hüllt man sich bei der Besetzung von Mandaten gerne in Schweigen.

Zusammenfassend kann festgehalten werden, dass schlecht oder nicht besetzte Funktionen ein unternehmerisches und gesellschaftliches Risiko darstellen. Studienergebnisse lassen vermuten, dass den Unternehmen sowie der Gesellschaft durch einen höheren Anteil weiblicher Verwaltungsräte zusätzlicher Nutzen im Hinblick auf die Corporate Governance sowie auf die Nachhaltigkeit von Entscheidungen entstehen könnte (Alvadarado et al. 2017; Ben-Amar et al. 2017; Francoeur et al. 2017).

In einer umfassenden Studie wurde betrachtet, wie der Besetzungsprozess für VR-Mandate in der Schweiz verläuft. Unter anderem wurden sichtbar beteiligte Akteure identifiziert und 34 Interviews in allen Landesteilen durchgeführt. Damit sollte Transparenz geschaffen und ein Bewusstsein für die Besonderheiten von Besetzungsprozessen für Funktionen im Topmanagement geschaffen werden. Auch ergaben sich Ansatzpunkte, wie das Besetzungsverfahren durchlässiger gemacht werden kann, mit Nutzen sowohl für die Kandidatinnen als auch für mittelgroße Unternehmen.

Folgende Fragen standen dabei im Zentrum:
- Wie verläuft der Besetzungsprozess für Geschäftsleitungs- und Verwaltungsratsmandate in mittelgroßen Unternehmen der Schweiz ab?
- Welche zentralen Anforderungen werden an Kandidatinnen gestellt?
- Welche Rolle spielen Netzwerke im gesamten Besetzungsprozess?
- Welche Typen von Kandidatinnen (Personae) können eruiert werden?

Die Ergebnisse dieser Studie bestätigen, dass sich sowohl der Beschaffungs- als auch der Auswahlprozess stark an persönlichen Netzwerken der Verwaltungsratsmitglieder oder Personalberater orientieren und Verwaltungsratsmandate selten offen ausgeschrieben werden und allgemein zugänglich sind. Die Auswahl erfolgt vielfach über mehrere Stufen, in denen Besetzungsgremien eine große Rolle spielen. Trotz versuchter Objektivierung spielen Subjektivität sowie bewährte Muster und Kriterien bei der Selektion eine entscheidende Rolle. Schließlich zeigt die Studie auch, welche Frauentypen sich für das Topmanagement interessieren.

Studiendesign

Im Rahmen des vierjährigen Projekts (2019–2022) zum Thema »Frauen in Geschäftsleitungen und Verwaltungsräten – eine nachhaltige Förderung« haben wir die Praxis bei der Besetzung von Verwaltungsratsmandaten in der Schweiz, bezogen auf mittelgroße Unternehmen, untersucht. Dazu haben wir in einem ersten Schritt im Internet umfangreich nach involvierten Akteuren recherchiert und weitere Beteiligte in Interviews erfragt. In einem iterativen Verfahren wurden 89 Akteure identifiziert und als relevant eingeschätzt. Mit insgesamt 34 von ihnen wurden persönlich oder telefonisch qualitative Interviews im Umfang von 45–90 Minuten durchgeführt. Gegenstand der Interviews waren folgende beispielhaften Fragen:

Wie verläuft der Besetzungsprozess für Geschäftsleitungs- und Verwaltungsratsmandate mittelgroßer Unternehmen in der Schweiz tatsächlich? Wie gestaltet sich die Akquise geeigneter Kandidatinnen für Verwaltungsratsmandate? Wie entscheidend sind dabei Netzwerke? Welche Kompetenzen, insbesondere »Führungskompetenzen«, sind gefragt? Und: Welchen »heißen Tipp« können Sie Frauen geben, die sich für Mandate bewerben?

Anschließend wurden die Interviews transkribiert und inhaltsanalytisch ausgewertet.

Weitere Elemente des Projekts waren Netzwerkanalysen – einerseits ging es um die Netzwerke der Akteure bei der Besetzung von Toppositionen, andererseits um die Netzwerke der Aspirantinnen, die sich für Verwaltungsratsmandate bewarben. Außerdem wurden Topmanager zu Beschaffung und Auswahl befragt.

Das Gesamtstudiendesign umfasste sowohl qualitative als auch quantitative innovative Methoden der Sozialforschung und mündete in einen Beratungsansatz, der den teilnehmenden Kandidatinnen den Zugang zu Verwaltungsratsmandaten erleichtern sollte.

6.1 Frauen in Verwaltungsräten: Der Besetzungsprozess bei kleinen und mittleren Unternehmen in der Schweiz

Der Besetzungsprozess bei mittelgroßen Unternehmen wird von den Interviewten als wenig strukturiert und teilweise diffus beschrieben. Er gilt als informell und scheint selten durch ein klares Kompetenzprofil geprägt. Oft werden Personen aus dem eigenen Umfeld bevorzugt angesprochen und ausgewählt. Im besten Fall schaffen es rund zehn Personen auf eine Shortlist, bevor nach Erst- und Folgegesprächen eine Entscheidung, meist durch den Verwaltungsrat bzw. den Verwaltungsratspräsidenten selbst, gefällt wird. Das Do-it-yourself-Vorgehen birgt die Gefahr einer geringen Erneuerung und Durchmischung, weil die vorhandenen Mitglieder ähnlich denkende und handelnde Mitglieder nachziehen. Schematisch stellt sich der Besetzungsprozess unter Nutzung des eigenen Netzwerkes wie in Abbildung 6.1 dar.

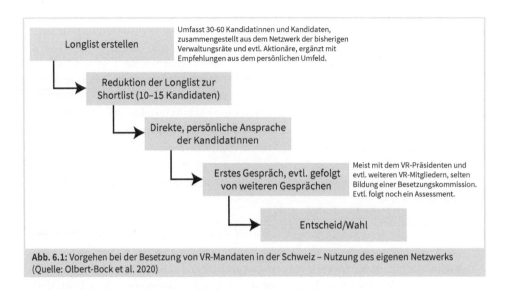

Abb. 6.1: Vorgehen bei der Besetzung von VR-Mandaten in der Schweiz – Nutzung des eigenen Netzwerks (Quelle: Olbert-Bock et al. 2020)

Je größer das Unternehmen ist, umso häufiger werden Berater/-innen und Executive-Search-Firmen in den Prozess der Beschaffung und Auswahl einbezogen und damit um ihre Netzwerke erweitert. Diese Vorgehensweise kommt gemäß der Einschätzung der Interviewpartner allerdings nur bei einem kleinen Teil (5–10 %) der vakanten Verwaltungsratsmandate zum Zuge. Ausschreibungen sind eher selten. Grob kann der Ablauf wie in Abbildung 6.2 skizziert werden, wobei die externen Anbieter jeweils eigene Abläufe anwenden.

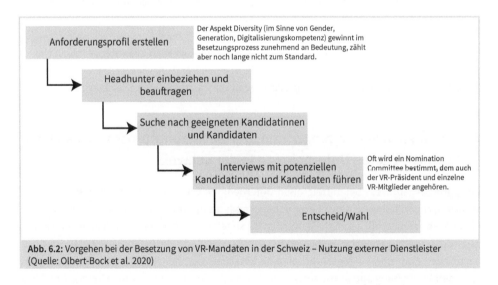

Abb. 6.2: Vorgehen bei der Besetzung von VR-Mandaten in der Schweiz – Nutzung externer Dienstleister (Quelle: Olbert-Bock et al. 2020)

Werden Executive-Search-Firmen hinzugenommen, halten sich die Unternehmen meist an ihr klassisches Vorgehen, wobei in einer ersten Phase die internen Möglichkeiten abgeklärt werden. Das Vorgehen gestaltet sich in der Regel professioneller als bei der Vergabe von Verwaltungsratsmandaten. Gleichwohl fungieren auch hier Berater/-innen und Recruiting-Firmen als Gatekeeper im Besetzungsprozess.

6.2 Neue Anforderungen an Führungsgremien

Eine größere Vielfalt in Geschäftsleitung und Verwaltungsrat ist von unmittelbarem Nutzen für Unternehmen: Steigt die Auswahl an kompetenten Kandidatinnen und Kandidaten, werden nicht nur verfügbare Potenziale besser ausgeschöpft, sondern durch die vielfältigere Zusammensetzung wird auch die Corporate Governance besser wahrgenommen. Voraussetzung dafür ist, dass es gelingt, Raum für die Frauen zugeschriebenen besondere Eigenschaften, Haltungen und Verhaltensweisen bei der Zusammenarbeit, im Umgang mit Konflikten sowie Erfolgen und Misserfolgen zu schaffen – mit dem Ziel, die Gesamtführung weiterzuentwickeln (Aebi 2017; Bergler 2015).

Die oben beschriebene Beschaffungs- und Auswahlpraxis trägt dem keine Rechnung. Homophilie, d. h. die Präferenz eines Individuums, sich mit Personen zu identifizieren und zu verbünden, die einen ähnlichen Hintergrund und vergleichbare demografische Faktoren wie Geschlecht und Alter aufweisen, spielen eine bedeutende Rolle im Personalauswahlprozess (Erfurt-Sandhu 2014; Zdziarski/Czerniawska 2016), was sich auch in unserer Studie bestätigt hat. Wenn Entscheidungsträger für Topmanagementpositionen sich selbst »klonen« und im Besetzungsprozess oft diejenigen unterstützen, die ihnen gleichen (Erfurt-Sandhu 2014; Hambrick et al. 1993), kann das zu schnellem und erfolgreichem Handeln führen, solange sich die wettbewerblichen Bedingungen nicht verändern. Es kann aber auch den Blick für wichtige Trends, notwendige Anpassungen und ein proaktives Handeln behindern. Wissenschaftliche Studien zeigen deutlich die Bedeutung stereotyper Bewertungen von Frauen (Adams 2016), die ihre Auswahl und Förderung unwahrscheinlicher machen. Darüber hinaus zeigen sie, dass ihnen dabei sowohl positiv als auch negativ konnotierte Merkmale, die ihnen zugeschrieben werden, zum Nachteil gereichen und oft dazu führen, dass sich Frauen weniger zutrauen oder ihre Ambitionen aufgeben.

Diese Haltung ist oft nicht nur in den Köpfen von Einzelnen verankert, sondern liegt auch kollektiven Entscheidungsmustern, Vorgehensweisen und der Unternehmenskultur zugrunde. Im Hinblick auf die Frage, ob es gelingen kann, die Gesamtführung weiterzuentwickeln, sind daher auch die Kriterien, die für die Auswahl der Kandidaten aufgestellt werden, von großer Bedeutung.

In unseren Interviews fiel auf, dass bei den Anforderungskriterien für Verwaltungsratsmandate das Kriterium Fachwissen stark betont wurde. Praktisch alle Befragten nannten Fachwissen als wichtige Anforderung an Kandidatinnen und Kandidaten. An zweiter und dritter Stelle folgten strategisches Denken sowie die Integrität und Unabhängigkeit der Person. Demgegenüber zählten besonders Frauen zugesprochene, meist zwischenmenschliche Fähigkeiten nicht zu den zentralen Anforderungen. Auch im Hinblick auf die fachliche Herkunft waren typische Frauendomänen, wie etwa das Personalwesen, weniger anerkannt als z. B. das Finanzwesen.

Zusammengefasst lassen sich die genannten Anforderungen zu folgenden Kategorien verdichten (Olbert-Bock et al. 2020):
- Fachwissen [30 Nennungen]
- strategisches Denkvermögen und Zukunftsorientierung [13 Nennungen]
- Unabhängigkeit der Person und Standhaftigkeit [11 Nennungen]
- generelle Businesskompetenz, unternehmerisches Denken [10 Nennungen]
- kritische Haltung und Konfliktfähigkeit [6 Nennungen]
- Fähigkeit zur Zusammenarbeit [6 Nennungen]
- vernetztes Denken [4 Nennungen]
- Selbstsicherheit [4 Nennungen]
- Charakter und Verbindlichkeit [3 Nennungen]
- Abstraktions- und analytische Fähigkeit [3 Nennungen]

Die Aussagen zu den Auswahlkriterien, die zu erfüllen waren, um in die engere Auswahl zu gelangen, müssen differenziert betrachtet werden. Als zentrales Kriterium kristallisierte sich die umfassende, aber nicht einheitlich verstandene Führungserfahrung auf Toplevel heraus. Die Interviewten waren sich nicht einig, ob jedes einzelne Mitglied des VR dieses Kriterium erfüllen musste oder ob es genügte, wenn sich im gesamten Verwaltungsrat genügend Erfahrung bündelte.

Den klassischen Vorstellungen vom Prototyp einer Topführungskraft zu entsprechen, verbunden mit Branchen- und Führungserfahrung, zählte also mehr als zukünftiges Entwicklungspotenzial. Bezüglich der Frage, inwieweit eine Person zur Kultur des Unternehmens passt, divergierten die Überlegungen: Annähernd gleich häufig wurde einerseits ein komplementärer Fit und andererseits ein kultureller Fit als wesentlich betrachtet.

Wurde das Thema »Diversität des Verwaltungsrats« als Auswahlkriterium genannt, dann weniger unter dem Aspekt verschiedener Haltungen und Wertvorstellungen, sondern vielmehr im Hinblick auf die Fachkompetenz.

6.3 Die Bedeutung von Netzwerken und Kompetenzen bei der Personalauswahl

Karrieren entwickeln sich nach wie vor in Machtverhältnissen, die stark männlich geprägt sind und »männerbündische Strukturen« aufweisen (Cornils et al. 2014). Frauen haben oft keinen Zugang zu relevanten Netzwerken, insbesondere den Old-Boy-Netzwerken, die Rioult (2016) treffend als »informelle Verflechtung von männlichen Verwaltungsräten und Geschäftsleitungsmitgliedern« bezeichnet. Dabei werden genau in diesen Netzwerken wichtige Informationen ausgetauscht und Entscheidungen getroffen.

6.3.1 Aufbau eines Netzwerks

Auch in den 34 Interviews stellte sich heraus, dass Netzwerke eine zentrale Rolle bei der Besetzung von Verwaltungsratsmandaten spielen. Die Interviewten erachteten neben persönlichen Kontakten zu Verwaltungsratsmitgliedern auch Kontakte zu Vertretern von Unternehmen (insbesondere der Geschäftsleitung), Verbänden sowie Vereinen und Klubs als wesentliche Netzwerkbestandteile.

Für den Aufbau eines eigenen Netzwerks nannten die Befragten beispielsweise folgende Möglichkeiten und Szenarien:
- die Übernahme verschiedener Ämter
- Politik
- Vereine (auch Sportvereine)
- Fachverbände
- Auftritte als Rednerin oder Redner/Vorträge
- Jahrestagungen und öffentliche Anlässe
- Generalversammlungen
- Alumninetzwerke aus der Ausbildung/dem Studium
- Militär

Die Mitgliedschaft in einem Netzwerk allein reicht bei Weitem noch nicht aus, um interessante Mandate zu gewinnen. Wenn Verwaltungsratsmandate angestrebt werden, kommt es beim Aufbau von Netzwerken auf Präsenz und Netzwerkkompetenz an. Um ein Netzwerk zu unterhalten, ist es bedeutsam, sich über einen längeren Zeitraum in der »Ingroup« aufzuhalten.

Unter Netzwerkkompetenz verstehen wir hierbei ein Bündel von Kompetenzen inklusive
- kommunikativer Fähigkeiten, um auf Personen zugehen zu können
- Fähigkeiten, Beziehungen aufzubauen und zu unterhalten
- der Fähigkeit, sich selbst zu vermarkten
- der Bereitschaft zur konstruktiven Zusammenarbeit mit Netzwerkpartnern
- der Fähigkeit zur Zusammenarbeit in den Hauptthemenfeldern des Netzwerks
- Kompetenzen der Netzwerkpflege und des Netzwerkausbaus

6.3.2 Frauen und ihre Netzwerke

Frauen ist die Bedeutung von Netzwerken oft nicht ausreichend bewusst; sie tun sich schwerer als Männer damit, sie zu nutzen, ihre Netzwerke gelten oft als bedeutend schlechter, und sie empfehlen und fördern einander weniger.

Typisches weibliches Verhalten in der Laufbahnplanung und ein Mangel an weiblichen Vorbildern führen überdies dazu, dass sich Frauen häufig nicht in Netzwerke zu integrieren getrauen

(Henn 2008) oder nicht frühzeitig und zielorientiert eine Karriere als Geschäftsleiterin oder Verwaltungsrätin anstreben. Das »Queen Bee Syndrome« beschreibt sogar das Phänomen, dass Frauen, die sich erfolgreich durchgesetzt haben, um die Unternehmenskultur, in der sie selbst erfolgreich sind, aufrechtzuerhalten, die bestehenden Strukturen eher reproduzieren, als diese herauszufordern oder systematische Veränderungen herbeizuführen (Derks et al. 2016; Ellemers et al. 2004). Statt weibliche Untergebene zu fördern und sich für mehr Genderdiversität einzusetzen, distanzieren sich manche Frauen von attraktiveren oder kompetenten Kolleginnen, passen ihren Führungsstil und ihre Selbstdarstellung an die männlicher Kollegen an und legitimieren somit die bestehenden Hierarchien und Ungleichheit der Geschlechter (Derks et al. 2016; Ellemers et al. 2004; Gibson/Cordova 1999).

Sehr umstritten sind nicht zuletzt deshalb auch reine Frauennetzwerke in ihrer Bedeutung für den Zugang von Frauen zu Geschäftsleitungs- und Verwaltungsratsmandaten. Hinzu kommt, dass Frauen dort seltener Kontakte knüpfen, die ihnen einen unmittelbaren Weg in diese Positionen ebnen können. Trotzdem stellen reine Frauennetzwerke eine wesentliche Quelle dafür dar, eigene Erfahrungen und Erlebnisse zu reflektieren.

Das Gesamtprojekt und die Analyse der Frauennetzwerke sind zwar noch nicht abgeschlossen, doch lassen sich auf der Basis der Interviews erste Tipps formulieren, wie Frauen eigene Netzwerke und Netzwerkkompetenz, bezogen auf mittelgroße Unternehmen, stärken können.

> **IMPULSE FÜR DIE PRAKTISCHE UMSETZUNG: TIPPS FÜR FRAUEN**
> - Nutzen Sie Ihr Netzwerk, um ein Verwaltungsratsmandat zu erlangen. Die wichtigsten Kontakte sind die aus Ihrem persönlichen beruflichen Umfeld.
> - Tun Sie Gutes, und reden Sie darüber: Nutzen Sie Gelegenheiten, um als Referentin aufzutreten, Interviews zu geben, oder publizieren Sie Ihre Erfolgsgeschichten. Nur wenn Sie sichtbar sind, können Sie gefunden werden.
> - Aktive Information: Informieren Sie ihr persönliches berufliches Umfeld, dass Sie offen sind für Board-Mandate. Erst wenn Ihr Ziel definiert und bekannt ist, können Kontakte und Netzwerke ausgespielt werden.

Aktuell verzichten Unternehmen bei der Besetzung von Verwaltungsratsmandaten nicht nur auf die zusätzlichen Kompetenzen und Potenziale von Frauen, sondern schöpfen auch die damit verbundenen Chancen für die Corporate Governance nicht aus.

Wenn sie bei der Besetzung von Topmanagementfunktionen nur auf die bestehenden Netzwerke zurückgreifen, riskieren Unternehmen, immer wieder die gleichen Personen für das Topmanagement auszuwählen und sich zu klonen. Die Reflexion und aktive Neugestaltung des Besetzungsprozesses unter der Fragestellung, wie sich andere »Menschentypen« als bisher gewinnen lassen, kann Veränderung ermöglichen.

Von Unternehmensseite ist vor allem dafür zu sorgen, dass Führung zukunftssicher gestaltet und diese Forderung konsequent umgesetzt wird. Frauen sollten nicht nur oberflächlich gefördert werden, sondern die männlich geprägte Kultur sollte hinterfragt, die für künftigen Erfolg relevanten Merkmale sollten erfasst und jene Frauen und Männer bewusst gefördert werden, die dem gewünschten Kulturwandel tatsächlich entsprechen.

> **IMPULSE FÜR DIE PRAKTISCHE UMSETZUNG: TIPPS FÜR UNTERNEHMEN**
>
> - Nutzen Sie auch andere als Ihre üblichen Kanäle, und lassen Sie sich bei der Suche nach den besten Kandidatinnen und Kandidaten unterstützen.
> - Erstellen Sie ein Kompetenzprofil für Ihr Verwaltungsratsgremium, und definieren Sie genau, welche Kompetenzen durch welches Mandat erfüllt werden (sollen).
> - Definieren Sie einen klaren Besetzungsprozess mit allen Etappen, Zielen, Beteiligten und Instrumenten. Eine wirksame Maßnahme zur Vermeidung von Verzerrungen bzw. Diskriminierungen ist auch eine entsprechende Zusammensetzung des Auswahlgremiums.
> - Formulieren Sie die Stellenausschreibung diskriminierungsfrei (z. B. Beachtung von Neutralität).
> - Nutzen Sie verschiedene Instrumente, die zur Auswahl stehen (z. B. Assessments, Interviews …).

7 Lebensplanung von Berufseinsteigerinnen

Flexible Arbeitsmodelle, Teilzeitarbeit sowie eine gute Vereinbarkeit von Beruf und Familie sind heute für beide Geschlechter interessant: Im »Universum Swiss Student Survey 2013« beispielsweise nannten 65 % der Berufseinsteigerinnen und 45 % der Berufseinsteiger als erstes Karriereziel eine ausgewogene Work-Life-Balance. Dabei geht es neben der Betreuung von Kindern auch um Erholung und um die persönliche Entfaltung (Wiler/Zemp 2014).

Im Rahmen eines Forschungsprojekts zur Karriereberatung für Frauen und Männer wurden an der FH St. Gallen in den Jahren 2016–2017 typen- und geschlechterspezifische Angebote für den Berufseinstieg entwickelt, u. a. ein Fragebogen zur Lebensgestaltung, in dem auch der Stellenwert von beruflichen und privaten Themen in der Lebensplanung abgefragt wurde. Das Sample bestand aus 42 befragten Personen, je 16 aus den Fachbereichen Soziale Arbeit und Wirtschaft und 10 aus dem Fachbereich Gesundheit. Aufgrund der Geschlechterverteilung in den Studiengängen überwog im Studiengang Soziale Arbeit der Frauenanteil mit 14 Studentinnen gegenüber 2 Männern, während die Verteilung in der Wirtschaft relativ ausgeglichen war (7 Frauen, 9 Männer). Aus dem Bereich Gesundheit nahmen nur Frauen an der Beratung teil. Die Verteilung war zum Zeitpunkt der Erhebung für die FH St. Gallen in etwa repräsentativ.

Gemäß Goebel (1997) fallen die Karriereambitionen und die Karriereplanung bei Akademikerinnen grundsätzlich positiver aus, wenn auch beide Eltern akademisch ausgebildet sind und die Mütter eine Vorbildfunktion hinsichtlich einer qualifizierten Berufstätigkeit haben. Stiehler et al. (2013) kommen in ihrer Studie zur Rolle der Eltern bei einer »geschlechtsuntypischen« Berufswahl zu der Erkenntnis, dass bei Frauen in technischen Studiengängen den Vätern eine besondere Bedeutung bei der Berufswahl und den beruflichen Ambitionen zukommt. Während Goebel jedoch bei deutschen Akademikerinnen einen Bedeutungsverlust der Eltern ausmacht, scheinen diese Ergebnisse für die Schweiz nicht relevant zu sein. Auch 20 Jahre nach diesem Befund sind die gesellschaftlichen Rahmenbedingungen in der Schweiz und die Berufsbiografien von Frauen anders strukturiert, wie die Befragungsergebnisse der oben genannten Studie zeigen.

Die erste Frage zielte darauf ab, herauszufinden, welche Aspekte für die zukünftige Arbeitsstelle als wichtig erachtet werden. Über alle Fachbereiche hinweg wurde das »Arbeitsklima« als wichtigster Faktor angesehen. In der Sozialen Arbeit folgten »Wertschätzung« und »sinnstiftende Arbeit«, in Wirtschaft und Gesundheit hingegen »Weiterentwicklung« und »Lohn«. Unterschiede zwischen Frauen und Männern wurden nur in der Wirtschaft sichtbar, in der Männer tendenziell stärker »Lohn«, »Führungsverantwortung« und »Weiterentwicklung« als wichtig erachteten, während Frauen »Arbeitsklima« und »Weiterentwicklung« als gleich wichtig einschätzten.

Das Thema »Vereinbarkeit von Arbeit, Partnerschaft, Familie bzw. Freizeit« wurde von allen Befragten als wichtig angesehen, bei der Gewichtung der verschiedenen Gesichtspunkte gab es jedoch Unterschiede in Bezug auf die Fachbereiche. Im Fachbereich Gesundheit wurden die Aspekte »flexible Arbeitszeiten«, »partnerschaftliches Rollenmodell« und »familienfreundliche Arbeitsbedingungen« als besonders wichtig eingeschätzt, in der Wirtschaft stach das Thema »flexible Arbeitszeiten« heraus, während in der Sozialen Arbeit »familienfreundliche Arbeitsbedingungen« und »partnerschaftliches Rollenmodell« herausragten. Unterschiede zwischen Studentinnen und Studenten in den Fachbereichen waren wenig markant.

Bei der Frage nach der beruflichen und privaten Zukunft ließen sich verschiedene Haltungen zur Vereinbarkeit von Beruf und Familie ausmachen:

- **Traditionelles Familienmodell:** Der überwiegende Teil der Studentinnen und Studenten richtet seine Lebensvorstellungen an einem traditionellen Familienmodell aus. Bei den Studenten der Wirtschaft lässt sich die dominante Einstellung unter der Aussage »zuerst Ziele erreichen, dann Kinder« subsumieren. Bei den Studentinnen dominiert über alle Fachbereiche hinweg die Haltung, in die Arbeit einzusteigen, Kinder zu bekommen und lediglich in Teilzeit mit einem geringen Pensum weiterzuarbeiten und gegebenenfalls mit der Zeit das Arbeitspensum zu erhöhen. Die Verantwortung für die Kindererziehung sehen die Studentinnen klar bei sich. Einige Antworten bestätigen das traditionelle Familienmodell sehr deutlich: »Kinder will ich bestimmt. Meine Frau ist dafür verantwortlich. Sie kann sich selbst darum kümmern oder arbeiten, damit wir uns eine Nanny leisten können. Tagesstätten stehe ich kritisch gegenüber.« (Student Wirtschaft) Oder: »Haus, zwei Kinder, zuvor noch die Welt erkunden.« (Student Technik) Oder: »Eine Familie gründen und Teilzeit arbeiten.« (Studentin Soziale Arbeit). Grundsätzlich äußern sich die Studenten zu ihren beruflichen Zielen konkreter als zu ihren privaten Vorstellungen: »Master absolvieren«, »Führungsposition«, »gut bezahlter Job« oder »Leitung des Familienunternehmens«. Was das Privatleben angeht, so heißt es eher allgemein, dass sie »in Zukunft gerne eine Familie mit Kindern« hätten oder »momentan Kinder keine Option« sind. Wie sie das Familienleben organisieren wollen, bleibt offen.

- **Partnerschaftliches Modell:** Nur bei wenigen Studentinnen und Studenten existiert die Vorstellung einer partnerschaftlichen Verteilung der Haus- und Erziehungsarbeit. Eine Studentin der Sozialen Arbeit äußert den Wunsch, »dass mein Mann und ich uns die Bereiche Hausarbeit, Erziehung/Arbeit teilen«. Auch einer Studentin aus dem Bereich Pflege ist »die Aufteilung der Betreuung der Kinder mit dem Partner 50 : 50« wichtig. Eine Studentin aus dem Bereich Wirtschaft sagt, dass »beide Elternteile das Pensum um 20–40 % reduzieren« sollen, »damit die Betreuung geteilt werden kann«. Eine Wirtschaftsstudentin sagt klar, dass »Kinder eine Option« sind, »aber nur, wenn der Partner auch bereit ist, beruflich zu reduzieren und für die Familie da zu sein«. Eine andere Wirtschaftsstudentin betont, dass eine selbstständige Tätigkeit es ihr eher ermögliche, Beruf und Familie zusammenzubringen. »Sobald ich selbstständig bin, möchte ich Kinder. Ist für mich eine Frage der Organisation und definitiv einfacher als Angestellte.« Auch ein Student der Wirtschaft will Kinder und »auf jeden Fall Teilzeit weiterarbeiten«. Manche Studentinnen äußern in diesem Zusammenhang die Hoffnung, dass »die Politik bessere Rahmenbedingungen für Frauen schafft«, sodass eine bessere Vereinbarkeit von Arbeit und Familie für Frauen und Männer möglich ist.

- **Priorität Karriere:** Nur eine Minderheit der Studentinnen äußert sich explizit zu Karrierethemen und räumt dem Beruflichen einen hohen Stellenwert im Vergleich zum Privaten ein. Drei Studentinnen äußern die Vorstellung, dass das Berufliche eine hohe Priorität für sie habe. Eine Studentin der Sozialen Arbeit möchte »gerne ein paar Jahre 80 % arbeiten und dann eventuell noch den Master machen« und sagt, dass sie »keine Kinder möchte«. Eine Studentin der Wirtschaft will »eine Führungsposition einnehmen« und hofft, »eine Stelle zu finden, bei der sich das berufliche und private Leben vereinbaren lässt«. Eine andere Studentin der Wirtschaft betont: »Karriere ist mir wichtig« und ein »Kind darf kein Karriereaus sein«. Eine Pflege-Studentin will eine »Karriere im Spitalbereich« machen, aber auch eine Familie haben.

Abschließend lässt sich festhalten, dass grundsätzlich zwei Dritteln der Befragten das Thema »Vereinbarkeit von Arbeit, Partnerschaft, Familie bzw. Freizeit« wichtig ist. Von den Studierenden der Wirtschaft wurde zudem das Thema »flexible Arbeitszeiten« hoch eingestuft. Es fällt auf, dass in allen Fachbereichen »Führungspositionen in Teilzeit« als wichtig angesehen wurden. Hier scheint sich widerzuspiegeln, was die Forschung für die Generation Y2 herausgefunden hat. Die junge Generation der zwischen 1980 und 2000 Geborenen hat ein anderes Verhältnis zu Verantwortung, Arbeit und Freizeit als die vorausgegangenen Generationen. Mehr Freiräume, die Möglichkeit zur Selbstverwirklichung sowie mehr Zeit für Familie und Freizeit sind zentrale Forderungen der Generation Y: Sie arbeiten gerne im Team, wollen dem Beruf nicht alles unterordnen und fordern eine Balance zwischen Beruf und Freizeit ein.

Trotz veränderter Bildungswege, neuer Familien- und Partnerschaftsmodelle richtet der weitaus größte Teil der befragten Studentinnen und Studenten seine Lebensvorstellungen an einem traditionellen Familienmodell aus. Die Studenten sind überwiegend der Ansicht, dass Karrierestreben und das Erreichen beruflicher Ziele an erster Stelle stehen sollten und Familienthemen von nachgeordneter Bedeutung sind. Die Studentinnen sehen die Verantwortung für Familie und Kindererziehung überwiegend bei sich selbst. Entsprechend steigen sie mit einem begrenzten Zeithorizont und zurückgenommenen Karriereerwartungen in das Arbeitsleben ein. Sie beginnen ihr Berufsleben bereits unter der Prämisse, ab dem Zeitpunkt der Familiengründung ihr Arbeitspensum wieder zurückzufahren und mit Kindern lediglich mit einem geringen Pensum in Teilzeit weiterzuarbeiten. Mit dem Älterwerden der Kinder wollen sie dieses unter Umständen aufstocken. Diese Haltung beeinflusst auch die Erwartungen an die beruflichen Entwicklungsmöglichkeiten. Es scheint, dass ein Studium an der Fachhochschule nicht grundsätzlich zu einer stärker ausgeprägten Berufsidentität und höheren Karriereerwartungen bei Frauen führt.

8 Frauenkarrieren mit Transitionen, Wendepunkten und Unterbrechungen

Im Rahmen eines Forschungsprojekts mit dem Fokus auf weibliche Karriereförderung für Frauen über 45 haben wir eine qualitative Studie über Frauenkarrieren mit Transition durchgeführt. Insgesamt wurden in Tiefeninterviews von 2–3 Stunden pro Frau die Karriereverläufe von zehn Frauen rekonstruiert und nachverfolgt. In diesen zehn Tiefeninterviews mit Frauen über 45 untersuchten wir, wie die Frauen ihre eigene Karriere erlebt haben. Wie zufrieden waren sie, und wann haben sie Wertschätzung erfahren? Wir forderten die Frauen dazu auf, das Ausmaß an Wertschätzung, Funktion/Status und Zufriedenheit über den Verlauf ihrer Karriere zu skizzieren.

Uns interessierte auch, ob sie die erfahrene Wertschätzung mit dem im Laufe ihres Berufslebens erlangten Status korrelierten oder nicht. Abbildung 8.1 zeigt, dass mehrheitlich kein Zusammenhang wahrgenommen wurde, im Gegenteil: Mit zunehmender Verantwortung und zunehmendem Status nahmen die berufliche Zufriedenheit und die erfahrene Wertschätzung häufig ab.

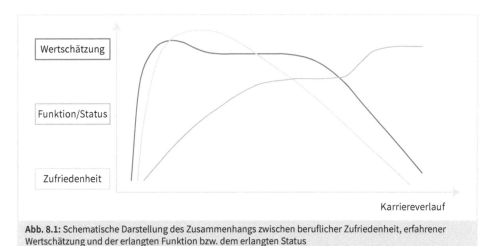

Abb. 8.1: Schematische Darstellung des Zusammenhangs zwischen beruflicher Zufriedenheit, erfahrener Wertschätzung und der erlangten Funktion bzw. dem erlangten Status

Aus dieser Darstellung sowie aus der zuvor beschriebenen Umfrage geht hervor, dass viele ältere Frauen nicht mit monetären Anreizen oder mit besonderen Titeln oder Statussymbolen motiviert werden können, länger im Unternehmen zu verweilen, sondern eher mit Sinnhaftigkeit und Gestaltungsspielraum in ihrem jeweiligen Aufgabenbereich. Diese Erkenntnis deckt sich mit entwicklungspsychologischem Wissen, dass Personen in der Altersspanne zwischen Anfang bis Mitte 40 stärker die Sinnfrage als Fragen der Existenz in den Lebensmittelpunkt rücken. Oder, wenn man die Maslowsche Bedürfnispyramide heranziehen möchte: In dieser Lebensphase sind die Grundbedürfnisse in der Regel gedeckt und Bedürfnisse der Selbstverwirklichung rücken in den Vordergrund. Das folgende Zitat verdeutlicht den Wunsch nach Gestaltungsspielraum.

> »Ein Wunsch …, also, ich würde in ein Unternehmen gehen, bei dem ich ein größeres Verantwortungsspektrum habe, damit es eben mehr Gestaltung gibt, und mit der Hoffnung, mehr zu gestalten, auch mehr Sinn für mich selber und lernen, Dynamik entwickeln.«
>
> *(CEO Spital)*

8.1 Motive für berufliche Veränderungen

Aus verschiedensten Motiven heraus verändern Frauen aktiv ihre berufliche Laufbahn. Welche Rolle die Sinnhaftigkeit von Aufgaben und der Gestaltungsspielraum spielen, wurden oben bereits beschrieben.

Dies ist ein Beleg dafür, dass Sinnhaftigkeit keineswegs nur für Angehörige jüngerer Generationen eine wesentliche Rolle spielt und sie offenbar vielen erfahrenen Frauen bei ihren Tätigkeiten fehlt.

Darüber hinaus haben viele Frauen über 45 genügend firmeninterne Machtspiele erlebt, deren Opfer sie geworden sind, haben Hindernisse in den Weg gelegt bekommen und finden: »Ich mache jetzt mein Ding.« Zum Teil sind sie hier in der komfortablen Situation, nicht die Hauptverdienerin sein zu müssen.

Beide Motive – sowohl der Wunsch nach mehr Sinnhaftigkeit und Gestaltungsspielraum als auch der Wunsch, nicht länger Zeit mit unternehmensinternen Machenschaften vergeuden zu müssen – führen häufig zum gleichen Ergebnis. Die Frauen verlassen das Unternehmen, für das sie nicht selten viele Jahre lang tätig waren, um entweder einen Berufs- oder Branchen- oder Arbeitsplatzwechsel zu vollziehen oder sich selbstständig zu machen.

Unsere Projektergebnisse weisen darauf hin, dass Frauen insgesamt häufiger dem flexiblen Karrieretyp entsprechen, für den bestehenden Standardlaufbahnkonzepte wenig Förderung vorsehen, während Männer häufiger gut geförderte, traditionelle Karrieren absolvieren (Olbert-Bock et al. 2014). Maßnahmen zur Bindung von Frauen an Unternehmen sollten daher die Besonderheiten des »Doing Karriere« berücksichtigen. Insbesondere sollten Organisationen auch für flexible, selbst gesteuerte Karrieren Perspektiven vorsehen, wie es in folgendem Zitat deutlich wird: »Weil eine Frau, die hat irgendwann mal hat sie es gesehen, oder?! Und die sagt: ›Hey, ich bin im Fall so was von zufrieden mit dem, was ich mache, ich will und ich muss nicht mehr, um mein eigenes Ego zu befriedigen.‹ Und wenn sie mehr macht, dann muss sie eben genau diese Stahlkappen anziehen.« (CEO)

Schließlich wurde in den Interviews noch ein Motiv für eine berufliche Veränderung deutlich: wenn Frauen ein- oder mehrmalig eine Kündigung erhalten und dies als disruptives, identitäts- und je nach familiärer Situation auch existenzbedrohendes Ereignis erleben. Eine völlige Neuorientierung ist dann nicht ausgeschlossen. Damit nehmen Frauen freiwillig oder erzwungenermaßen große Anstrengungen auf sich, um eine zweite (oder dritte …) Karriere einzuschlagen.

Abbildung 8.2 fasst die verschiedenen Motive für berufliche Veränderungen bei Frauen zusammen.

Abb. 8.2: Motive für berufliche Veränderungen bei Frauen

8.2 Spezifische Laufbahnmuster

In unserer qualitativen Untersuchung konnten wir die gesamte Bandbreite von Frauenkarrieren beobachten: Es gab sowohl Frauen, die auf sehr direktem Weg die Karriereleiter bis hin zur CEO beschritten haben, als auch Frauen, die nach vielfachen Hindernissen und Rückschlägen nur noch sich selbst vertrauen und als »Einzelkämpferinnen« ihren Karriereweg beschreiten.

Hervorzuheben ist der Eindruck, dass Frauen oftmals Funktionen/Stellen angeboten bekommen und übernommen haben, die ihrer Einschätzung nach männliche Kollegen abgelehnt hätten. Dieses Phänomen ist u. a. als Übernahme von »Risky Job Positions« bekannt und wird darauf zurückgeführt, dass Frauen, anders als Männer, solche Positionen aufgrund nach wie vor bestehender Laufbahnhürden übernehmen müssen, da die Chancen für berufliches Vorankommen begrenzt sind (Darouei/Pluut 2018). Betroffen sind vor allem Frauen mit einer niedrigeren Einschätzung der eigenen Selbstwirksamkeit im Hinblick auf ihre Karriere. Wenn Männer solche Positionen übernehmen, weisen sie hingegen eine überdurchschnittliche Selbstwirksamkeitserwartung auf. Interessant ist dies im Hinblick auf ältere Frauen auch deshalb, weil davon ausgegangen werden kann, dass wiederholte Ablehnungen und Karriererückschläge nach und nach die Selbstwirksamkeitserwartung schwächen dürften.

Zu betonen ist auch, dass Frauen nicht nur von ihren Vorgesetzten oder Arbeitgebern Hindernisse in den (Karriere-)Weg gelegt bekommen, sondern auch von ihrem privaten und gesellschaftlichen Umfeld. Die Leistungsansprüche und Ergebniserwartungen, die an Frauen gestellt werden, sind vielfach deutlich höher einzustufen als diejenigen, die an Männer gestellt werden. Dieses Zitat zeigt die Diskrepanz auf: »Als Frau musst du immer etwas mehr leisten.« (Selbstständige Personalberaterin)

Genderstereotype sind immer noch gang und gäbe und werden auch – oder vielleicht sogar vor allem – von Frauen bedient. Gleichberechtigung ist leider noch längst nicht selbstverständlich, wie dieses Zitat belegt: »Das vermisse jetzt noch, das versuche ich in meiner Arbeit eben wirklich stark zu machen, so diese Selbstverständlichkeit oder so quasi: Überlege dir doch nicht, ob du geeignet bist, auch Männer sind nicht geeignet bei Führungspositionen. Mach es doch einfach!« (Inhaberin Personalmanagement)

Auch wenn keine der interviewten Frauen es als bewusste Entscheidung erklärt hat, so war doch auffällig, dass zumindest in der Vergangenheit etliche der interviewten Frauen, die nachweislich sehr erfolgreich und durchgängig mit sehr hohem Engagement (meist in Vollzeitbeschäftigung) beruflich tätig waren, kinderlos geblieben sind.

In Abhängigkeit vom eigenen Karriereverlauf zeigten sich die Frauen entweder sehr regulierungsablehnend oder befürworteten Regulationen wie z. B. eine Frauenquote und zeigen damit unterschiedliche Förder- oder Nicht-Förderprofile. Hat eine Frau eine individuelle Förderung erhalten, ist sie in der Regel der Ansicht, dass es keine Quotenregelungen braucht. Nach dem Motto »Ich habe es doch auch geschafft!« wird spezifische Frauenförderung abgelehnt. Frauen, die keine individuelle Förderung erhalten haben, zeigen sich hingegen offener für Regulierungsbestrebungen wie z. B. Quotenregelungen.

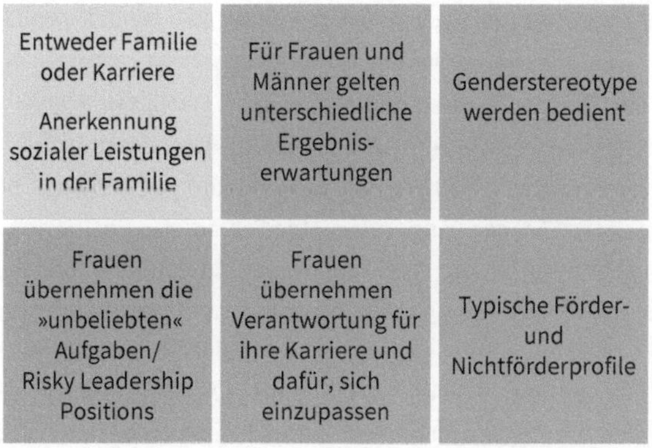

Entweder Familie oder Karriere	Für Frauen und Männer gelten unterschiedliche Ergebniserwartungen	Genderstereotype werden bedient
Anerkennung sozialer Leistungen in der Familie		
Frauen übernehmen die »unbeliebten« Aufgaben/ Risky Leadership Positions	Frauen übernehmen Verantwortung für ihre Karriere und dafür, sich einzupassen	Typische Förder- und Nichtförderprofile

Abb. 8.3: Ursachen für die unterschiedliche Laufbahnentwicklung von Männern und Frauen

8.3 Karrierehindernisse und schwierige Arbeitsbeziehungen

Was Frauen auf ihrem Karriereweg im Wesentlichen behindert, sind vor allem weit verbreitete Stereotype, die sowohl von den Organisationen, Vorgesetzten, Kollegen, aber auch von den Frauen selbst gepflegt werden. Dies sind Genderstereotype, aber auch Altersstereotype. Die Alterszahlen 50 und 60 werden wie eine Zäsur erlebt, wie dieses Zitat schön belegt: »Also selbstständig hätte ich mich so oder so gemacht. Aber ich bin froh, dass es passiert ist, weil ich herausgefunden habe, dass die Selbstständigkeit vor 50 besser ist als nachher. Ja, weil, es ist ein Fakt, Ü50 haben es heute schwerer am Arbeitsmarkt.«

Ein weiteres – und vielleicht das schwerwiegendste – Hindernis stellt der/die direkte Vorgesetzte dar. Fördert diese/-r die Karriere der Frau, so sind manchmal Karrierewege möglich, die bei objektiver Betrachtung und Evaluation bestehender Kriterien unmöglich erscheinen. Das vorherrschende Unternehmensklima im Hinblick auf die Förderung von Frauenkarrieren spielt in diesem Zusammenhang eine weitere entscheidende Rolle. Jede Führungskraft kann immer nur im organisatorischen Rahmen ihre eigenen Vorstellungen von Förderung ausschöpfen oder unterbinden. Ist das Verhalten der Führungskraft nicht mit der Förderpolitik des Unternehmens oder der eigenen Vorgesetzten zu vereinbaren, wird beispielsweise Förderung unterlassen, obwohl sie der Förderpolitik der Organisation entsprechen würde.

Die digitale Kluft stellt möglicherweise ebenfalls ein Karrierehindernis für ältere Frauen dar, insofern beispielsweise nur 19 % der Frauen auf LinkedIn sehr aktiv sind, aber 81 % der Männer (WEF 2018). Umgekehrt werden moderne Technologien in Unternehmen noch wenig aus einer Unterstützungsperspektive heraus diskutiert, beispielsweise bei körperlich anstrengenden Arbeiten (Olbert-Bock/Redzepi 2018). Der bestehende »Technostress« und der zunehmende Einsatz digitaler Medien und Technologien haben direkten Einfluss auf weibliche Karrieren ab 45 und die mit ihnen verbundenen Chancen und Risiken.

Ursachen für Karrierehindernisse und schwierige Arbeitsbeziehungen sind in Abbildung 8.4 zusammengefasst.

8.4 Frauen fördern andere Frauen (nicht)

Obwohl es internationale Frauennetzwerke wie beispielsweise die Business and Professional Women sowie Fraueninitiativen gibt, ist eine Förderung von Frauen durch Frauen nicht selbstverständlich, ganz im Gegenteil. Durch die Tiefeninterviews erfuhren wir, warum das so ist. So waren Männer wiederholt der Grund für einen Umbruch, entweder als Verhinderer oder als sehr starke individuelle Förderer. Frauen, die eine individuelle Förderung erlebt haben, sehen häufig keine Notwendigkeit, eine generelle Frauenförderung zu etablieren.

8 Frauenkarrieren mit Transitionen, Wendepunkten und Unterbrechungen

»Ja, Stahlkappen mit Diamantbesatz an den Ellenbogen, weil, das ist das, was diese Frauen keinen Bock haben, jeden Tag sich anzuziehen, und das ist der Unterschied zwischen Mann und Frau, das ist einfach so.«

(CEO)

Frauen hingegen, die nicht individuell gefördert wurden, unterstützen Frauen und Frauenförderinitiativen sehr viel stärker und fordern die Standardisierung der Förderung.

In anderen Forschungsarbeiten werden die Förderbeziehungen zwischen Frauen verschiedenen Alters häufig als Erwartung der jüngeren diskutiert (O'Neil et al. 2018), die die älteren nicht unbedingt einlösen wollen oder können. Häufig wird der Wunsch geäußert, eine Mentorin oder ein Vorbild zu haben, wie dieses Zitat zeigt: »… oder sie sind so viel höher in der, in der Position als ich, dass die wieder nicht für mich ein Role Model wären.« (Direktorin)

Doch natürlich sind auch hier die Möglichkeiten von Frauen als Mentorinnen und im Hinblick darauf, ob und wie sie für ihre Mentees bei Stellenbesetzungen als Türöffnerinnen wirken können, stärker begrenzt als jene der Männer.

Die unterschiedlichen Wahrnehmungsmuster sind in Abbildung 8.4 zusammenfassend dargestellt.

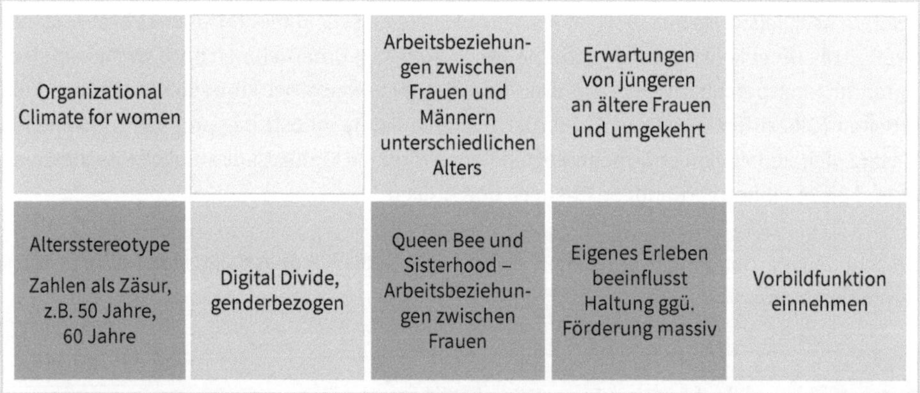

Organizational Climate for women		Arbeitsbeziehungen zwischen Frauen und Männern unterschiedlichen Alters	Erwartungen von jüngeren an ältere Frauen und umgekehrt	
Altersstereotype Zahlen als Zäsur, z.B. 50 Jahre, 60 Jahre	Digital Divide, genderbezogen	Queen Bee und Sisterhood – Arbeitsbeziehungen zwischen Frauen	Eigenes Erleben beeinflusst Haltung ggü. Förderung massiv	Vorbildfunktion einnehmen

Abb. 8.4: Ursachen für Karrierehindernisse, schwierige Arbeitsbeziehungen und die (mangelnde) Förderung von Frauen durch Frauen

Teil 3:
Frauenkarrieren aus individueller Perspektive

9 Individuelle Gestaltung von Frauenkarrieren

Was verstehen die Menschen überhaupt unter »Karriere«? Diese Frage haben wir in etlichen Studien vielen berufstätigen Frauen verschiedenen Alters gestellt. Während einige »Karriere« als einen Aufstieg in Stufen, als ein berufliches Vorankommen mit verschiedenen Stationen verstehen und damit eher in der klassischen Bedeutung des Begriffs, formulieren andere es so: »Dass man Entwicklungsschritte macht im beruflichen Kontext. Das kann sehr unterschiedlich sein. Und dass man wirklich das eigene Potenzial entdeckt und authentisch eben dem nachstrebt und das ausbaut und eben nicht, was ist jetzt besonders imageträchtig, prestigeträchtig. Dass man sich als Mensch einbringt in diese Aufgabe, in diesem Kontext, das ist für mich Karriere.« Für viele Frauen steht der Sinn im Zentrum ihrer beruflichen Tätigkeit, wie diese Frau es formuliert: »Für mich ist es ungeheuer wichtig, dass es mit meinem ›Warum‹ übereinstimmt.«

Während bis in die 1970er-Jahre die Gestaltung von Karrieren oft als in der Verantwortung der Organisationen und Unternehmen gesehen wurde, die klare Karrierewege vorsahen, so wird im heutigen Diskurs die Verantwortung für die Gestaltung der eigenen Karriere gerne dem/der Einzelnen übertragen.

Eine Voraussetzung für gelingende selbst gesteuerte Karrieren ist eine Auseinandersetzung mit Vorstellungen zum eigenen Karriereweg und mit der eigenen Persönlichkeit sowie eine individuelle Karriereplanung. Wichtig ist darüber hinaus, dass die Unternehmen die Gestaltung individueller Karrieren überhaupt zulassen, indem sie Jobs transparent ausschreiben oder sogar eine Unterstützung selbst gesteuerter Karrieren analog zu den traditionellen Laufbahnen vorsehen.

Beratung bieten Berufs- und Branchenverbände sowie Alumni-Vereine von Ausbildungsstätten an. Das zur eigenständigen Gestaltung von Karrieren notwendige »Netzwerken« erfordert, dass man sich nicht nur einen Überblick über die aktuellen Entwicklungen und Trends im eigenen Berufsumfeld verschafft, sondern auch für das eigene Vorankommen wichtige Personen kennt und ihnen vertrauen kann. Auch wenn keine exakten Zahlen vorliegen, so ist es doch ein offenes Geheimnis, dass zahlreiche Jobpositionen nicht ausgeschrieben, sondern durch Empfehlungen besetzt werden. Wer kein Netzwerk besitzt, ist auf öffentliche Ausschreibungen angewiesen und verfügt somit nur über einen stark eingeschränkten Zugang zu Chancen.

Ein weiterer wichtiger Ansatz zur Gestaltung des eigenen Karrierewegs ist das »lebenslange Lernen«. Unsere Arbeitswelt verändert sich momentan so grundlegend wie seit der Industrialisierung nicht mehr.

Während Organisationen bisher mehrheitlich hierarchisch organisierte Unternehmen waren, ist derzeit ein großer Umbruch in Richtung Selbststeuerungssysteme (wie z. B. die Einführung von Holacracy oder agiler Methoden wie Scrum) erkennbar, in denen jede/-r Einzelne viel Eigenverantwortung übernehmen und Selbstführung praktizieren muss. Mit der Arbeitswelt 4.0 sind neue Arbeitsformen verbunden, die durch Flexibilität, Agilität und einen Wertewandel geprägt sind (Genner et al. 2017). Dieser Veränderungsprozess führt in Unternehmen zu zunehmend dynamischen Projekt- und Teamstrukturen, virtueller Kollaboration und Kommunikation oder netzwerkartigen Arbeitsstrukturen. Daraus ergeben sich andere Formen der Zusammenarbeit, neue Führungsformen und Arten von Leadership (Avolio/Gardner 2005) und eben auch neue Karriereverläufe.

Die Verantwortung für die eigene Entwicklung und Karriere liegt bei jedem und jeder selbst (Hirschi 2011) und nicht bei der Organisation. Daher ist eine kognitive, verhaltensbezogene sowie emotionale Selbstführung umso entscheidender. Um sich auf diese grundlegende Umstellung in Organisationen vorzubereiten – grundlegend, da von jedem und jeder Einzelnen eine andere Haltung gefordert wird –, sollten Selbstführungskompetenzen gestärkt und erweitert werden.

Warum ein Fokus auf Selbstführung? In evolutionären bzw. selbst gesteuerten Organisationssystemen werden traditionelle Organigramme und Arbeitsstrukturen wie z. B. Abteilungen und Prozesse durch aufgabenbezogene Rollen und sinngesteuerte Gruppen (»purpose-driven circles«, Laloux 2014) ersetzt. Zielvereinbarungen und Beurteilungen wie bei herkömmlichen Organisationsformen fallen weg, die Mitarbeitenden werden nicht von jemandem geführt, der die strategischen Ziele im Blick hat. Stattdessen ist jeder und jede Einzelne dafür verantwortlich, im Sinne des Unternehmens mitzudenken und zu handeln. Es werden keine Zeitpläne oder Abgabefristen vom Vorgesetzten definiert, sondern die Kunden und Kundinnen mit ihren Bedürfnissen sind die Taktgeber (hierbei werden andere unternehmensinterne Gruppen ebenfalls als Kunden betrachtet). Diese neuen Formen der Arbeitsorganisation erfordern ein hohes Maß an Mitdenken, unternehmerischem Denken, Planung, Organisation, Qualitätssicherung, Abstimmung, Kommunikationsfähigkeit usw. von jedem und jeder Einzelnen.

Um sich selbst für diese neuartigen Formen der Arbeitswelt zu sensibilisieren und auf sie vorbereiten zu können, ist eine andere Einstellung erforderlich.

Die berufliche Weiterbildung in verschiedenen Kompetenzbereichen genauso wie das Übernehmen von Funktionen mit hohem Lerngehalt bleiben ein Leben lang wichtig.

Mit herkömmlichen Karrierekonzepten, Kompetenzanalysen oder Wertebestimmungen können vor allem die hochdynamischen und einer permanenten Veränderung unterworfenen Aspekte des Arbeitslebens nicht mehr ausreichend erfasst werden. Um die eigene Karriere zu gestalten, sind verschiedene Methoden und Herangehensweisen hilfreich, wie beispielsweise die Erarbeitung eines eigenen Persönlichkeitsprofils und die Aneignung von Selbstführungskompetenzen. Weitere unterstützende Techniken sind Life-Design-Methoden (Nota/Rossier 2015) und Visualisierungstechniken (Bischof 2017), die die Planung einer beruflichen Perspektive und Karriere erleichtern.

10 Lebenslinien: Exemplarische Karriereverläufe von Frauen

Die von uns im Rahmen der qualitativen Studie (siehe Kap. 8) interviewten Frauen haben sehr beeindruckende Lebensläufe. In diesem Kapitel möchten wir ausgewählte anonymisierte Lebensläufe darstellen und die Frauen selbst zu Wort kommen lassen, um unsere Leserinnen zu inspirieren und zu motivieren, getreu dem Motto: »Folgen Sie Ihrer Intuition, und verlassen Sie sich vor allem auf sich selbst.«.

10.1 Anabelle, Personalleiterin und selbstständige Beraterin

Anabelle ist heute Inhaberin und Geschäftsführerin einer Personalberatungsagentur. Sie hat in ihrem Berufsleben so ziemlich alle Stationen durchlaufen, in denen sie heute ihre Klientinnen als selbstständige Beraterin unterstützt.

Sie machte zunächst das Abitur, und danach absolvierte sie eine Berufslehre als kaufmännische Angestellte. Während sie in der Schule sehr glücklich war, gilt dies für ihre Lehrzeit nur bedingt. Ihr fehlte der Austausch mit lernbegierigen Gleichgesinnten.

Also begann sie zu studieren, Psychologie und Pädagogik, und promovierte zu Burn-out-Faktoren im Berufsleben. Sie verfasste damit eine der ersten wissenschaftlichen Studien, die den direkten Vorgesetzten beim Thema »Burn-out« eine Rolle als Verursacher zuschreiben. Erst über 20 Jahre später wurden weitere Studien zu dieser Thematik durchgeführt.

Anabelle machte schon früh Karriere und übernahm mehrere Führungsfunktionen, u. a. im betrieblichen Gesundheitsmanagement. Doch ihr Wissensdurst war noch nicht gestillt, und sie wollte sich weiterentwickeln, also absolvierte sie ein weiteres Studium.

> »Beim Studium war ich absolut glücklich, ich habe immer gesagt, am liebsten würde ich die ganze Zeit nur studieren, aber das ist ja nicht möglich. Und gleichzeitig habe ich auch gerne das, was ich gelernt habe, wieder in die Praxis umgesetzt.«

Parallel zu ihren Führungsaufgaben engagierte Anabelle sich immer auch politisch und setzte sich für die Förderung von Potenzialen von Frauen und Männern ein. Sie sah genau hin: Über welche individuellen Kompetenzen, über welches Potenzial verfügte der oder die Einzelne? Ihrer Ansicht nach sind berufliche Kompetenz- und Potenzialanalysen hilfreich, beispielsweise zum Karriereanker. Dabei ist ihr jedoch von jeher wichtig, dass nicht explizit von Frauenförderung, sondern von Förderung allgemein, von Personalentwicklung gesprochen wird. Es sei wichtig, die Weiterentwicklung jener zu fördern, die über Kompetenzen und Potenzial verfügen. Nicht jede oder jeder sei geeignet für eine Führungsposition. Aber es gebe viele Frauen, die geeignet wären, sich das aber nicht zutrauen. Hier müsse hingeschaut und unterstützt werden.

Was Anabelle häufig vermisste im Laufe ihrer eigenen Karriere, waren Frauen als Vorbilder. Insbesondere im akademischen Bereich, an der Universität, an der sie studiert hat. Hier gab es zwar Assistenzprofessorinnen, aber ihr Nichtvorankommen wirkte eher abschreckend als dass es dazu ermutigt hätte, selbst eine akademische Laufbahn einzuschlagen.

> »Ich habe keine guten Vorbilder gehabt für Frauen im akademischen Bereich. ... Ich habe aber ein paar dramatische Schicksale erlebt von Frauen, die habilitieren wollten und im Berufungsverfahren nicht vorangekommen sind.«

Mit der Gründung ihrer eigenen Firma konnte Anabelle nach vielen Jahren als angestellte Führungskraft endlich ihre eigenen Vorstellungen von Personalentwicklung realisieren. Heute unterstützt sie Frauen und Männer sowie Organisationen bei der kompetenzbasierten Potenzialförderung.

10.2 Gerlinde, Theologin und Schulleiterin

Gerlinde ist heute 59 Jahr alt und Leiterin einer Gesamtschule. Ihre berufliche Laufbahn begann mit der Ausbildung zur Grundschullehrerin. Da es zum Zeitpunkt ihres Abschlusses sehr viele Absolventinnen gab, war es sehr schwierig, eine Anstellung zu finden. Schließlich konnte sie als 21-Jährige für zehn Monate eine Stellvertretung übernehmen. Der Beruf forderte sie sehr, machte sie aber auch sehr glücklich. Schüler/-innen etwas beizubringen war genau das, was sie wollte.

Dennoch beobachtete sie bei vielen älteren Arbeitskolleginnen und -kollegen, dass diese sich trotz großen Wissensdursts nach einigen Jahren im Beruf und damit einhergehender Etablierung nicht mehr zu einem Universitätsstudium aufraffen konnten. Sie wollte unbedingt noch viel mehr lernen. Das motivierte sie, nochmals eine Ausbildung zu beginnen und ein Universitätsstudium aufzunehmen. Obwohl sie sich sehr für Wirtschaftsinformatik interessierte, entschied sie sich schließlich für ein Theologiestudium.

Die von ihr gewählte theologische Fakultät war sehr modern und sogar feministisch ausgerichtet. Und so hörte sie bereits 1986 Vorlesungen zu feministischer Theologie, die damals gerade erst aufgekommen war. Es gab eine Bewegung von Studentinnen, die das Thema als Vorreiterinnen voranbrachten. »Ich habe mich dort sehr wohl gefühlt.«

Damals wie heute war sie als Frau in der römisch-katholischen Kirche eine Ausnahme, und von Anfang an waren ihr beruflich etliche Türen verschlossen. All diesen Hürden zum Trotz schloss sie ihr Studium erfolgreich ab und trat eine Stelle in einer Gemeinde an. Diesen Beruf übte sie über 25 Jahre lang aus, 20 davon als Gemeindeleiterin. Sie leitete faktisch alles, führte das Personal und schrieb die Predigt für die Sonntagsmesse. Doch die Eucharistiefeier blieb im Gottesdienst den zölibatären Männern vorbehalten. Sie war also immer die Frau im Hintergrund und stand nie in der ersten Reihe. Als ich sie fragte, wie sie damit zurechtgekommen sei, meinte sie: »Es war schon eine Beleidigung meiner Kompetenz. Aber die Menschen in der Gemeinde haben mir so viel Wertschätzung entgegengebracht, dass ich es hinnehmen konnte.«

Bis plötzlich die Kündigung kam. Nicht etwa ein Versetzungsangebot, wie sonst in dieser Organisation der Kirche sehr üblich. Eine Kündigung ist eine tiefgreifende Disruption des beruflichen Lebenswegs und löst nicht selten ein regelrechtes Trauma aus. In den meisten Fällen ist eine lang andauernde Bearbeitung notwendig, unterstützt durch professionelle Beratung oder Therapie.

Gerlinde suchte sich Unterstützung und fand einen Coach, eine Frau, die ihr ihre Stärken und Kompetenzen aufzeigte und ihr wieder neues Selbstvertrauen vermittelte. Gerlinde kam zu der Erkenntnis: »Nicht ich bin komisch!« Sie hatte schon Jahre zuvor immer wieder überlegt, ob sie einen anderen Karriereweg einschlagen sollte, um nicht immer an zweiter Stelle zu stehen. Nun erinnerte sie sich wieder an den Beginn ihrer beruflichen Laufbahn, wie sehr ihr der Schuldienst gefallen hatte. Aber sie wollte mehr als nur Lehrerin sein, sie hatte Gefallen an der Führungstätigkeit gefunden. Menschen in ihrer Entwicklung unterstützen, das wollte sie zum Beruf machen. Sie entschloss sich, nochmals eine Ausbildung zu machen, die zur Schulleiterin. Heute leitet sie eine Gesamtschule und ist sehr erfüllt von dieser Aufgabe.

10.3 Jana, Leiterin der Abteilung Kommunikation an einem Forschungsinstitut

Während viele Frauenkarrieren so verlaufen, dass die Frauen nach einer erfolgreichen Karriere als Angestellte eines Unternehmens in einer späteren Erwerbsphase in die Selbstständigkeit wechseln, da sie endlich nach ihren eigenen Regeln agieren wollen, hat Jana (51 Jahre) den umgekehrten Weg eingeschlagen.

Nach dem Studium der Pädagogik mit den Schwerpunkten Erwachsenenbildung und Kommunikation arbeitete sie als Freiberuflerin. Sie unterstützte viele Initiativen und realisierte viele Projekte. Doch ihr fehlte ein Team und die Möglichkeit, in wechselseitiger Förderung und Unterstützung mehr zu erreichen. Also gab sie ihre Selbstständigkeit auf und begab sich in ein Angestelltenverhältnis, um dort ein Team aufzubauen und als Führungskraft zu unterstützen.

An einem internationalen Forschungsinstitut wurde sie Leiterin der Kommunikationsabteilung und entwickelte die eher stiefmütterlich behandelte Öffentlichkeitsarbeit zu einer professionellen Medienarbeit, sodass das Institut auch in den internationalen Medien sichtbar wurde. Um sich trotz Hochschulstudiums noch besser für diese Tätigkeit zu qualifizieren, absolvierte sie ein Masterstudium in Communication Management and Leadership. Dabei erschloss sie sich nicht nur Fachwissen, sondern vor allem auch ein Netzwerk, das sie für ihre berufliche Entwicklung nutzen konnte.

Auf die Frage, welche Kompetenzen sie in ihrem Beruf am wichtigsten fände, antwortete sie: »Entscheidungen treffen, klug planen und auch antizipieren, was in der Zukunft, also in der nahen und etwas ferneren Zukunft auf einen zukommt und auf uns als Gruppe, als Team.«

Um diese Kompetenzen zu trainieren, sei alles rund um Weiterbildung und Entwicklung sehr wichtig. Doch für die Förderung von und die Forderung nach Frauenkarrieren mit am wichtigsten sei es, »Frauen sichtbar zu haben als Vorbilder und auch Frauen in wichtigen Positionen zu sehen.«

Über 15 Jahre lang war sie Leiterin der Kommunikationsabteilung, hat sehr viel erreicht, viele Themen gesetzt, aber auch Mitarbeitende aufgebaut. In genderdiversen Teams erreichte sie jeweils am meisten, und da ihre Mitarbeiterinnen ebenfalls sehr lange blieben, konnte sie diese durch verschiedene Lebensphasen begleiten wie z. B. durch die Mutterschaft. Die Fluktuation in ihrem Team war extrem gering, was sicher auch auf ihre Führungskompetenzen zurückzuführen ist. Um Teams zu erhalten und die Frauen im Beruf zu halten, bot sie u. a. Jobsharing an.

> »Klar braucht das Zeit, aber du verlierst sonst die Frauen, wenn du das nicht anbietest. Und, ich weiß nicht, ob man wirklich so viel gewinnt, wenn man da zwei Leute hat. Ich finde das auch kompliziert, aber ich finde, also jetzt mal nur für diese eine Position gerechnet, im Ganzen gewinnt man total viel, weil man sonst die Frauen verliert, und das ist wirklich die Hälfte der Gesellschaft, und ich finde, das steht den Frauen zu.«

Im Hinblick auf die demografische Entwicklung und den Fachkräftemangel findet Jana, dass man unmöglich auf Frauen verzichten kann. Da müssten sich Organisationen schon mal ein bisschen bewegen, um flexible Lösungen zu entwickeln. Das stellt sie sehr prägnant dar:

> »Also, ich finde, es ist grundsätzlich ein Vorteil und auch wichtig für die Gesellschaft, wenn Frauen und Männer die gleichen Möglichkeiten haben, berufliche Karrieren zu entwickeln. Ich finde, das ist gut für die Gesellschaft, wenn diese Verantwortung für Arbeit und für Führung von dieser Arbeit gerecht verteilt ist. Das sehe ich in so einem großen Teil unseres gesellschaftlichen Zusammenlebens, ich finde das einfach nur fair, wenn das gleichermaßen auf die Frauen und die Männer verteilt ist, und ich glaube, dass dann die Gesellschaft so ist, wie, wie es einfach für Frauen und Männer gleichermaßen passt. Ich finde, dafür müssen die Frauen da mehr mitgestalten und sich aber auch mehr zeigen. Ich finde, das ist sehr nützlich für die Gesellschaft und auch sehr wichtig für die Zukunft, für die Frage, wie wir uns entwickeln wollen. Also, ich finde, wir stehen vor so vielen sehr drängenden Problemen, und es kann nicht sein, dass die zu 70 % von den Männern gelöst werden!«

Nach vielen sehr erfolgreichen Jahren als Leiterin der Kommunikationsabteilung entschloss Jana sich mit 48 Jahren noch einmal zu einer beruflichen Wende: Sie begann ein Heilpädagogikstudium und arbeitet heute an einer Grundschule, wo sie von all ihren Erfahrungen profitiert und ihre vielen kreativen Ideen in die Tat umsetzen kann.

10.4 Andrina, CEO einer Privatklinik

Andrina ist 50 Jahre alt und CEO einer Privatklinik. Ihre berufliche Karriere verlief sehr steil und in sehr unkonventionellen Bahnen, war aber alles andere als einfach, denn sie ist nicht etwa promovierte Medizinerin, sondern hat eine Führungslaufbahn ohne einschlägige Fachausbildung durchlaufen. Andrina hat eine Berufsausbildung zur medizinisch-technischen Radiologiefachfrau absolviert und mit Diplom abgeschlossen, sie hat jedoch nie an einer Universität studiert. Aber sie wusste von Anfang an genau, wo sie hinwollte und welche Rolle sie spielen wollte. Bereits mit Anfang 20, als sie ihr erstes Team leitete, wusste sie: »Wenn ich 40 werde, will ich eine Klinik führen.« Und dieses Ziel setzte sie dann auch um.

In ihren Karriereambitionen hatte sie glücklicherweise einige wohlwollende Förderer – allerdings oft nur deshalb, weil sie ihre Ziele sehr klar formulieren und ihr Gegenüber damit etwas anfangen konnte. Dazu kamen aber auch Phasen, in denen es beruflich nicht weiterging für sie. Doch zu schnelle und häufige Stellenwechsel lassen einen nicht sehr überzeugend und kompetent erscheinen. Also musste sie in einer unliebsamen Position ein Jahr durchhalten, bevor sie den nächsten Karriereschritt machen konnte. Manchmal ist Aushalten auch eine Strategie.

Soziale oder gesellschaftliche Hindernisse ignorierte bzw. umschiffte sie gekonnt, und das, obwohl sie aus einer kleinen Ortschaft stammt, wo es nicht üblich war, dass Frauen bis in die Topetage von Unternehmen gelangten. Bereits für ihre Ausbildung zog sie in eine Stadt und entzog sich so teilweise auch dem gesellschaftlichen Druck.

Andrina findet: »Jammern nützt nichts.« Stattdessen »muss man halt hinstehen und argumentieren. Und das ist halt sehr unangenehm, das mögen viele Frauen nicht. Manchmal muss man vielleicht üben vor dem Spiegel.«

Sie stammt aus einer Unternehmerfamilie, und das betriebswirtschaftliche Denken hat ihr immer gelegen. Später, als sie bereits Abteilungsleiterin war, bildete sie sich weiter und machte einen Abschluss als Executive Master in Business Administration. Nun war sie für alles gerüstet und wollte dieses Wissen in die Praxis umsetzen. Da wurde ihr die Leitung einer kleinen Klinik anvertraut.

Andrina hält nichts von Frauenquoten, ist aber gleichzeitig eine starke Frauenförderin. In ihrer Abteilung hat sie viele starke Frauen als Direktorinnen. Statt einer Quote, findet sie, solle man gute Ideen prämieren, die Unternehmerin des Jahres im eigenen Unternehmen küren. Und vor allem gute Arbeit auch adäquat entlohnen. Hier erlebt sie die Frauen oft als zu bescheiden. Frauen wollten insbesondere sinnvolle und qualitativ hochwertige Arbeit leisten, der Lohn sei für viele oft sekundär. Aber hier, findet Andrina, könne und müsse man ein Statement machen, um auch die dazugehörige Wertschätzung und Anerkennung zu erhalten.

> »Dann habe ich 15 männliche CFOs angeschaut und eine Frau, und wer ist es geworden? Es war die Frau. Und sie haben mir danach zurückgespiegelt, dass die Männer vor mir Angst hatten. Ganz spannend, also offenbar kommt mit dieser Art, die ich verkörpere, eine Frau besser zurecht als ein Mann.«

Sie hat sich in vielen Gremien gegen Vorurteile und Stereotype durchsetzen müssen. Ellenbogen zu zeigen und mit harten Bandagen zu kämpfen habe oft dazugehört, auch wenn es keinen Spass mache. Sie sagt, ohne Netzwerke gehe es nicht im Berufsleben, unmöglich.

> »Ich glaube, die Frauen haben auch langsam verstanden, wenn man eben nicht Teil des Netzwerkes ist, dann hat man keine Chancen. Wir netzwerken also nicht so wie Männer, aber wir haben irgendwie gelernt, uns anders zu positionieren, und ich glaube das gelingt mittlerweile vielen Frauen echt gut.«

10.5 Tanja, Direktorin Digitale Strategie

Tanja ist 49 Jahre alt und Direktorin in einem Finanzunternehmen. Sie verantwortet den Bereich Digitale Strategie. Auf die Frage, was für sie Karriere bedeutet, antwortet sie:

> »Karriere ist für mich eine zielgerichtete, geplante berufliche Entwicklung, die langläufig mit Aufstieg einhergeht, mit wachsendem Verantwortungsbereich, mit Führungsverantwortung und mit Budgetverantwortung.«

Dieser Erklärung fügt sie lachend hinzu, dass es aus ihrer heutigen Sicht mehr Werte gibt, die ein erfolgreiches Berufsleben ausmachen. Ihre Karriere begann in einem großen Touristikkonzern. Dort hatte sie bereits Anfang der 1990er-Jahre die Gelegenheit, die damals noch in den Kinderschuhen steckende Digitalisierung von Geschäftsbereichen voranzutreiben. Damit konnte sie sich sozusagen »on the job« ganz neue Kompetenzen aneignen, die ihr letzten Endes zu ihrer heutigen Position verhalfen.

Tanja beschreibt sehr anschaulich, welch deutliche Veränderung im Verlauf von Karrieren sie erlebt hat. Während Karrieren früher insbesondere in internationalen Konzernen noch fast linear verlaufen seien, ergäben sich heute eher bogenförmige Karrieren mit beruflichen Aus- und Wiedereinstiegen. Tanja sieht gerade in diesen nicht linearen Verläufen große Chancen für Frauen. Denn auch deren Karrieren seien gekennzeichnet durch reduziertes Arbeitsvolumen beispielsweise während Kindererziehungsphasen oder Weiterbildungsphasen und könnten nun dennoch fortgesetzt werden, wo früher oft Schluss war.

Für sie seien Aus- und Weiterbildungen immer sehr wichtig gewesen. So bildete sie sich auch nach ihrem Wirtschaftsstudium ständig fort. Dabei ging es ihr nicht nur um neues Wissen und das Erlernen von Fähigkeiten, sondern ganz gezielt um die Erweiterung ihres Netzwerks. Zum Teil wählte sie ihre Weiterbildungen gezielt unter dem Gesichtspunkt, wo sie ihr Netzwerk sinnvoll vergrößern konnte. Und sie nutzt ihr Netzwerk auch aktiv. Sie engagiert sich sehr für berufstätige Frauen, auch in einer Vereinigung von Businessfrauen. Hier stellt sie ihr eigenes Netzwerk bereitwillig zur Verfügung, wenn sie dadurch einen Nutzen generieren kann.

Weiterhin beobachtet Tanja insbesondere bei jüngeren Kolleginnen eine stark zunehmende Rückbesinnung auf eher traditionelle Werte und den Wunsch, sich ganz aus dem Berufsleben zurückzuziehen, sobald Kinder da sind. Sie empfindet diese Entwicklung als riskant. Wenn gleichzeitig der Fokus der Generationen Y und Z immer stärker auf individuellen Bedürfnissen, dem Streben nach Sinn und Gestaltungsspielraum liege, befürchtet sie, werde es zukünftig für Frauen noch schwieriger, sich bei den Machtspielen und Statuskämpfen, die in Organisationen vor sich gehen, zu behaupten. Sie hofft, dass auch zukünftig viele Frauen den Mut aufbringen, sich zu zeigen, zu behaupten und Positionen einzufordern.

11   Lassen sich Frauenkarrieren planen?

Der eigene Lebensweg, die berufliche Laufbahn, das Vorankommen in Beruf und Privatleben – haben Sie sich auch schon mal gefragt, wie viel davon Zufall ist und wie viel Sie selbst planen können? Im Verlauf unseres Lebens treffen wir unendlich viele Entscheidungen, manche davon aktiv und selbstständig, z. B.: Welchen Studiengang möchte ich belegen? In welcher Firma möchte ich gern angestellt sein? Mit welchem Partner oder welcher Partnerin möchte ich meinen Lebensweg beschreiten? Bei Fragen dieser Art wollen wir uns meist nicht reinreden lassen, sondern vertrauen auf unsere Intuition. Über andere Fragen haben andere bereits vor mehr oder weniger langer Zeit stellvertretend für uns entschieden. Dazu gehören z. B. Fragen wie: Wo bin ich aufgewachsen? In welche Schule bin ich gegangen? Habe ich ein Instrument spielen oder eine Sportart gelernt? Denken wir an solche Entscheidungen, die wir nicht selbst fällen konnten, überkommt uns manchmal das Gefühl, es ist ja sowieso schon alles entschieden, und mein Lebensweg ist vorbestimmt. Und wieder andere Fragen werden ebenfalls von anderen beantwortet, ohne uns hinzuzuziehen, oder die Antworten ergeben sich aus Situationen, auf die niemand einen Einfluss hat und mit denen wir umgehen müssen. Hier ist es wichtig, die Unterschiede zu erkennen und das Zukünftige im Sinne von Entscheidungsoptionen und Möglichkeiten wahrzunehmen, die wir selbst gestalten können.

Im Volksmund existieren viele Weisheiten, die in Situationen, die wir gestalten können, Einfluss auf unser Entscheidungsverhalten nehmen sollen. Man denke z. B. an die Sprichwörter: »Jeder ist seines Glückes Schmied«, »Ohne Fleiß kein Preis«, »Erst die Arbeit, dann das Vergnügen« oder »Lehrjahre sind keine Herrenjahre«. Vielleicht sind einige dieser Sätze auch Ihnen geläufig und haben sie schon mal bei einer Entscheidung zurückgehalten und sie z. B. doch die konservativere Variante wählen lassen, anstatt etwas ganz Ausgefallenes auszuprobieren. Viele Menschen haben diese Sätze als Glaubenssätze verinnerlicht und werden von ihnen an der freien Gestaltung der eigenen Karriere gehindert, indem sie sich in ihrer Denkweise von ihnen einengen lassen.

Zum Thema »Entscheidungsfindung« gibt es viele verschiedene wissenschaftliche Theorien, von der Spieltheorie über Auswahltheorien bis hin zu Kreativitätstheorien. Was für die Entscheidungen, die wir in unserem Leben treffen, sehr wichtig ist, sind ausreichende Informationen zu den verschiedenen Varianten, zwischen denen wir uns entscheiden sollen. Um sich beispielsweise gezielt für einen Studiengang zu entscheiden, ist es notwendig, dass mir die Inhalte und der Ablauf des Studiums, aber auch die möglichen Berufschancen und Weiterentwicklungsmöglichkeiten bekannt sind.

Welcher Weg passend ist, wird sich kaum unter einer dichotomen Perspektive von richtig oder falsch, null oder eins, schwarz oder weiß entscheiden lassen. Natürlich passiert es immer wieder, dass einzelne Personen gezielt eine bestimmte Position in einem Unternehmen anstreben und diese auch erreichen: eine passende Ausbildung machen, den Wohnort wechseln, Auswahlverfahren erfolgreich durchlaufen, um dann endlich auf ihrer Traumstelle zu landen. Sie verkörpern möglichweise einen anderen Karrieretyp oder folgen klassischen Mustern, sodass nach außen hin alles sehr geradlinig wirkt. Und selbst wenn alles so geplant sein sollte, kann sich der Vorstellungsraum als zu wenig weitreichend entwickelt erweisen, oder es stellt sich nach kurzer Zeit heraus, dass der direkte Vorgesetzte nicht passt. War es somit die falsche Entscheidung, diese bestimmte Position anzustreben oder diesen bestimmten Weg einzuschlagen?

Kommt man selbst in eine solche Situation, ist es ratsam, sich auf all das zu besinnen, was gut und positiv am eigenen Weg war. Welche Kompetenzen konnten Sie sich aneignen, welche Fähigkeiten ausprobieren, die ihnen nun als Rüstzeug dienen für ihre beruflichen Möglichkeiten? Welche Menschen haben Sie auf Ihrem Weg kennengelernt, die ihnen nun als Netzwerk zur Verfügung stehen? Und dann, wenn man sich der eigenen Fähigkeiten bewusst ist, heißt es, neu zu planen und auszuprobieren.

Die Frage »Lassen sich Karrieren planen?« lässt sich daher nicht mit Ja oder Nein beantworten im Sinne von: »Sie nehmen die Autobahn, fahren die Abfahrt 35 raus, dann zweimal links, und Sie sind am Ziel.« Vielmehr gilt es, im Sinne von Lebensräumen zu denken, in denen sich Lebenswege begehen lassen, gemäß der Frage: »Fahren Sie im Urlaub lieber ans Meer oder in die Berge?« Fühlen Sie sich in einem Familienunternehmen oder einem Großkonzern wohler, beschäftigen Sie sich im Alltag gern mit Kindern oder Erwachsenen, könnten Sie den ganzen Tag lang rechnen oder schreiben? Wenn Sie den für sich beruflich und privat passenden Raum gefunden haben, gehen Sie in diesem wieder auf Entdeckungsreise – so lange, bis Sie das Gefühl haben, einen für Sie passenden Ort gefunden zu haben, an dem Sie sich eine Zeit lang aufhalten möchten.

Einen sehr guten Überblick über Vorgehensweisen und mögliche Antworten auf die Frage der Karriereplanung gibt Kirsten Schiekiera (2011). Sie hat Expertinnen und Experten interviewt, die folgende wertvolle Tipps zum Vorantreiben der eigenen Karriere geben.

Sammeln Sie berufliche Erfahrungen.
»Anders als noch vor etwa zehn Jahren sind Auslandserfahrungen und Praktika ein absolutes Muss für alle, die beruflich aufsteigen wollen. Das liegt auch daran, dass heute andere Kompetenzen gefragt sind«, sagt Sörge Drosten, Geschäftsführer der Personalberatungsfirma Kienbaum Executive Consultants International GmbH. »Große Unternehmen agieren international, deshalb braucht man interkulturelles Verständnis für die entsprechenden Regionen.« Die Covid-19-Pandemie hat unsere Arbeitswelt nachhaltig verändert. Während vor der Pandemie virtuelle Teams und eine rein digitale Zusammenarbeit noch die Ausnahme waren, sind entsprechende Kompetenzen heute zunehmend notwendig. Dabei spielt auch die Führung von virtuellen Teams – also von Mitarbeitern und Mitarbeiterinnen, die physisch nicht vor Ort sind – eine zunehmende Rolle. Diese Kompetenzen sind sogenannte Erfahrungskompetenzen, die geübt werden wollen. »Auch Jobrotation in einem großen Unternehmen hilft, Organisationen in ihrer Ganzheitlichkeit zu begreifen«, sagt der Experte.

Entwickeln Sie Ihre eigene Strategie.
Auf die Frage, ob Karrieren planbar sind, antwortet der Karrierecoach Martin Wehrle mit einem »Ja, aber …«. Besser als einen fixen Plan aufzustellen und zu verfolgen, sei es, eine flexible Strategie mit Varianten und Plan B zu erstellen. »Keiner darf mehr damit rechnen, zwei Jahre nach dem Jobstart bei einer Firma mehr oder weniger automatisch aufzusteigen«, sagt Wehrle. »Man muss sich immer fragen: Was tue ich, wenn es mit dem Aufstieg in diesem Unternehmen nicht klappt? Als Karrierealternative kommt nicht nur eine Festanstellung bei einem Konkurrenzunternehmen infrage, sondern auch der Gang ins Ausland, wo meine Fähigkeiten vielleicht besonders gefragt sind. Auch der Weg in die Selbstständigkeit kann eine sinnvolle Alternative sein.«

In diesem Buch empfehlen wir, mehr als einen Plan B zu entwerfen, nämlich ein Life Design zu konzipieren. Anstatt Ihre Karriere isoliert zu betrachten, sollten Sie Ihre Laufbahn in ein ganzheitliches Konzept, einen sogenannten Lebensplan, integrieren und weitere Faktoren dabei berücksichtigen wie z. B. Ihren Lebensort, Ihr soziales Umfeld, Familie und Wünsche, die Ihnen wichtig sind.

Investieren Sie in Ihr eigenes Netzwerk,
pflegen und vor allem nutzen Sie es. Ob bereits in der Schule, in der Ausbildung, im Studium, beim ersten Praktikum oder durch die Klassenkamerad/-innen Ihrer Kinder – bei all diesen Aktivitäten sind Sie in soziale Netzwerke eingebunden und haben die Gelegenheit, Menschen kennenzulernen. Wenn Sie wieder einmal auf der Suche nach einer anderen Stelle sind, können diese Personen für Sie von großem Wert sein, indem sie Ihnen einen Tipp geben, von einer offenen Stelle berichten, die nicht offiziell ausgeschrieben ist, oder für Sie den Kontakt zu einer Ihnen selbst noch unbekannten Person herstellen. »Entscheidend ist, dass die Kontakte möglichst breit gestreut sind und sich nicht nur auf das Unternehmen beschränken, in dem man gerade arbeitet«, sagt Wehrle. Menschen, die über vielfältige berufliche Kontakte verfügen, sind erfolgreicher als andere (Schiekiera 2011).

Entwickeln Sie eine Zielvorstellung.
»Wer nicht weiß, wohin er segeln will, dem ist kein Wind günstig« wusste bereits der Gelehrte Seneca. Sie können sich auch von einem Coach dabei unterstützen lassen, ein Ziel zu formulieren und die Willensstärke zu entwickeln, dieses Ziel auch zu erreichen. Menschen, die ihre Ziele verbalisieren können und ihrer Umwelt signalisieren, dass sie diese verfolgen, erreichen diese Ziele häufiger (Schiekiera 2011). Um erreichbar zu sein, müssen die Ziele realistisch sein. Edwin Lockes Zielsetzungstheorie zufolge können Ziele uns sehr motivieren. Dabei müssen jedoch einige Kriterien erfüllt sein, damit die Ziele uns anspornen, anstatt uns verzweifeln zu lassen. Ziele sollten spezifisch, messbar, attraktiv, realistisch und terminiert sein. Diese Kriterien kennen wir als Zieldefinitionsformel »SMART«. Auch um die eigenen Ziele mithilfe dieser SMART-Formel zu definieren, kann ein Coaching sehr hilfreich sein. Und wenn Sie schon dabei sind, können Sie in Ihrem nächsten Coaching direkt eine Strategie entwickeln, um Ihre smarten Ziele zu verfolgen.

Erstellen Sie eine Bildercollage von Ihrem Ziel.
Häufig gehen im Alltag die eigenen Karrierepläne unter, und wir können uns meist nicht täglich diesen eher langfristigen Life-Design-Plänen widmen. Um das eigene Ziel dennoch nicht ganz

aus den Augen zu verlieren, raten wir dazu, einen Karrierezeitplan zu erstellen, vielleicht sogar als Wandcollage. Diese sehr schöne Coachingmethode empfehlen wir sehr, insbesondere, da bei den meisten Menschen der visuelle Wahrnehmungskanal sehr ausgeprägt ist. Erstellen Sie zu Ihren Plänen eine Bildercollage – ob physisch mit Fotos, Postkarten oder auf Papier oder digital als Hintergrundbild auf Ihrem Computer. Das tägliche kurze Draufschauen gibt Ihnen einen kurzen, aber sehr wichtigen Erinnerungsimpuls, sodass Sie wieder an Ihre Ziele denken. Auch das Führen von Zeitplänen und To-do-Listen empfiehlt sich. So können Sie Ihre Ziele festhalten und haben wieder kognitive Kapazitäten für andere Dinge des Alltags.

Suchen Sie sich Vorbilder und Mentoren oder Mentorinnen.
Kirsten Schiekiera (2011) zitiert hierzu nochmals den Karrierecoach Martin Wehrle: »Verfolgen Sie die beruflichen Biografien von Menschen, die eine ähnliche Vorbildung und ähnliche Fähigkeiten haben wie Sie selbst«, rät Wehrle. So bekomme man ein Gespür dafür, welche Karrierewege möglich sind. Auch die Suche nach einem Mentor oder einer Mentorin, der oder die die eigene Karriere unterstützt, hält er für ausgesprochen sinnvoll. Mentoring ist eine sehr wirksame Maßnahme, um Frauen auf ihrem Karriereweg zu unterstützen (Schiekiera 2011).

Arbeiten Sie an Ihren kommunikativen Fähigkeiten.
Die Kommunikation gilt als Königsdisziplin im Beruf. Das gilt nicht nur für Führungskräfte, sondern in jeder Position. Wenn Sie Ihre Anliegen und Wünsche klar und deutlich formulieren können, kann Ihr Gegenüber damit etwas anfangen und sie besser einordnen. Das Weiterbildungsangebot in den Bereichen Rhetorik, Konfliktmanagement oder Präsentationstraining ist sehr groß. Nutzen Sie es für sich. Beim Kommunikationstraining können Sie auch Feedback-Methoden trainieren, die Ihnen wertvolle Rückmeldungen ermöglichen. Auch Entscheidungsfindung hat sehr viel mit Kommunikation zu tun; Sie müssen hierfür Informationen einholen und Ihre Entscheidung schließlich kommunizieren.

Betreiben Sie Marketing in eigener Sache.
Nur wer seine Leistung auch nach außen für andere sichtbar machen kann, wird auf Dauer beruflich erfolgreich sein (Schiekiera 2011). Getreu dem Motto »Tue Gutes und sprich darüber« ist es wichtig, Marketing in eigener Sache zu betreiben. Wenn Sie nicht selbst an sich glauben und sich wichtig nehmen, warum sollte es Ihr Gegenüber tun? Es beginnt damit, dass Sie sich selbst wertschätzen und dies auch nach außen vermitteln.

Im Folgenden möchten wir Ihnen Möglichkeiten aufzeigen, wie Sie Ihre Karriere und Ihr Leben selbst gestalten und in diesem Sinne auch Schritt für Schritt planen können. Es handelt sich um Vorgehensweisen, die in Laufbahncoachings eingesetzt werden, sich aber genauso zur Selbstanwendung eignen. Daher zunächst ein paar Worte zu der Idee des Laufbahncoachings.

Die dargestellten Vorgehensweisen eignen sich nicht nur für Frauen, die ihre Karriere planen möchten, sondern für alle Personen. Bei der aktiven Gestaltung der eigenen Karriere empfiehlt es sich manchmal, sich in Form von Coaching Unterstützung zu holen. Nicht nur im Hinblick auf den beruflichen Ein-, Auf- oder Umstieg, sondern generell können Gespräche mit einem Coach insbesondere bei der Entscheidungsfindung sehr hilfreich sein. Coaches für unterschiedliche Fachgebiete sind beispielsweise bei Berufsverbänden wie der International Coaching Association (ICA), dem Berufsverband für Coaching, Supervision und Organisationsberatung (BSO) oder bei der Deutschen Gesellschaft für Supervision und Coaching (DGS) gelistet.

11.1 Laufbahncoaching

Beim Laufbahncoaching oder auch Career Coaching geht es darum, die Klientin auf ihrem beruflichen Weg zu begleiten und zu unterstützen, sodass sie ihre Ziele erreichen kann. Dabei wird lösungsorientiert gearbeitet und eine möglichst große Passung zwischen der eigenen Person und einer beruflichen Tätigkeit angestrebt (Klink 2013). Idealerweise folgt das Laufbahncoaching einem positiven Leitbild, das davon ausgeht, dass die Person einer Tätigkeit nachgehen kann, bei der sie ihre Kompetenzen und ihre Persönlichkeit einsetzen und weiterentwickeln kann. Die Sinngebung spielt dabei eine große Rolle, ebenso wie eine angemessene Bezahlung und Wertschätzung.

11.1.1 Bedeutung, Aufbau und Ansätze der Karriereberatung

Individuell veranlasste Karriereberatungen sind in deutschsprachigen Ländern im Vergleich zu Nordamerika (dort »Career Counselling«) deutlich seltener Gegenstand von praxisbezogenen oder wissenschaftlich orientierten Darstellungen. In den USA ist Career Counselling[5] eine selbstverständliche Beratungsdienstleistung, die je nach persönlichem Bedarf z. B. zur Identifikation der künftigen Karriereausrichtung und -chancen, zur Verbesserung der Selbstkenntnis, zur Klärung der beruflichen Situation, zur Entwicklung eigener Fähigkeiten oder zur Identifikation wichtiger Kontakte in Anspruch genommen wird. Im deutschsprachigen Raum werden individuelle laufbahnbezogene Beratungen traditionell vor allem in Hinblick auf klassische Orientierungssituationen (z. B. beim Übergang von der Schule/Ausbildung in den Beruf) oder in Krisensituationen angeboten, vielfach von öffentlichen Institutionen oder ihnen nahestehenden Dienstleistern. Dienstleistungen, die der Gestaltung des eigenen Werdegangs dienen, sind vergleichsweise selten. Deshalb ist die Anzahl verfügbarer Tools in den USA entsprechend weiterentwickelt. Sie lassen sich aufgrund unterschiedlicher kultureller Hintergründe und berufsbildender Merkmale nicht immer direkt auf den deutschen Sprachraum übertragen.

Gemäß einem objektiven Ansatz in Form einer Experten-/Expertinnenberatung vollzieht sich Karriereberatung oft in vier bis fünf einstündigen Sitzungen, wobei folgende drei Phasen durchlaufen werden (De Vos/Cambré 2017):

---

5 Auf die Unterschiede zwischen dem Verständnis von »Karriereberatung« im deutschsprachigen Raum und dem amerikanischen Verständnis von »Career Counselling«, die insbesondere die Vorstellung von »Beruf« bzw. »Laufbahn« betreffen, wird hier nicht näher eingegangen.

11 Lassen sich Frauenkarrieren planen?

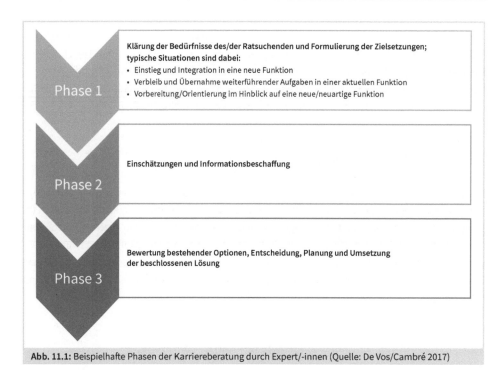

Abb. 11.1: Beispielhafte Phasen der Karriereberatung durch Expert/-innen (Quelle: De Vos/Cambré 2017)

Hierbei kommen üblicherweise verschiedene Elemente der Karriereberatung zum Einsatz: Arbeitsbücher und Übungen, Assessments, Informationen über die Arbeitswelt, Feedback und Unterstützung bei der Umsetzung von Zielen.

In den letzten Jahren haben subjektive bzw. konstruktivistische Ansätze in der Karriereberatung an Bedeutung gewonnen. Während objektive Ansätze auf Beobachtung, Messung und logische Argumentation setzen, fokussieren konstruktivistische Ansätze darauf, wie der/die Einzelne im Hinblick auf den eigenen Werdegang selbst Sinn bildet. Die Vorgehensweise besteht darin, dass Personen über ihre vergangene und aktuelle Karriereentwicklung erzählen, aktiv eigene Überzeugungen, Werte, Annahmen von sich selbst erkunden, in diesem Kontext die eigene Identität konstruieren, im Hinblick auf die vergangene Karriereentwicklung interpretierende Schlüsse ziehen sowie Vorstellungen hinsichtlich der künftigen Karriere formulieren. Die Rolle der Beratungsperson verschiebt sich vom Experten, von der Expertin zum kollaborativen Partner bzw. zur kollaborativen Partnerin, der/die sich die Lebensgeschichte des Gegenübers aufmerksam anhört, ihre Konstruktionsweise wahrnimmt und den Zugang zu alternativen Darstellungen fördert. Zentraler Bestandteil kollaborativer Beratung sind damit Interviews, die um weitere, primär qualitativ orientierte Instrumente ergänzt werden. Der Beratungsprozess nähert sich hier dem Coaching. Der Vorteil liegt in einer ganzheitlicheren Betrachtung des Individuums und der Möglichkeit, das Gegenüber nuancierter wahrzunehmen, als es mit rein objektiv orientierten Assessments möglich ist. Das Risiko von Kurzschlüssen und Fehlberatungen wird reduziert. Bestehende Erfahrungen und der Einfluss des Umfeldes werden in höherem Maße und selbstverständlicher

Bestandteil der Beratung (Taber et al. 2011; Rehfuss et al. 2011). Des Weiteren sind die Beratenen gefordert, selbst ihre Antworten zu formulieren, persönlich zu wachsen und ihre reflexiven Kompetenzen zu entwickeln, anstatt sich von externen Einflüssen bestimmen zu lassen (Bujold 2004). Umso wichtiger ist es, dass in entsprechenden Settings nicht nur unmittelbare Entscheidungs- und Handlungsnotwendigkeiten in den Blick genommen, sondern auch die Fähigkeiten einer Person im Hinblick auf künftige Entscheidungen und Handlungen mitbetrachtet werden, um ihre praktische Handlungsfähigkeit durch den Prozess zu erweitern (Cochran 1997).

Es gibt Interviewformen, die eine allgemeine Erzählung an den Beginn der Beratung setzen, genauso aber auch Interviews, die entsprechend der Zielsetzung der Beratung fokussierter erfolgen (z. B. Career Vision Statements).

Die Phasen einer kollaborativen Beratung lassen sich wie folgt darstellen:

Phase 1
Grundlegende Erzählung zur Darstellung der Situation und der Problemstellung:
- Aufforderung des/der Beratenen, seine/ihre Fragestellung/Problemstellung zu erzählen, wegen der Beratung gesucht wird.
- Dialog, um die Hauptproblematik zu identifizieren und den Kontext zu klären.

Phase 2
Erzählung zur Darstellung des Selbstbildes:
- Beschreibung des/der Beratenen, wie er/sie sich selbst aktuell in seiner/ihrer Berufstätigkeit sehen möchte, welche Erwartungen bestehen, welche Handlungen und Beziehungen zu anderen geplant sind und wie eine weitere Entwicklung im positiven Fall aussehen sollte.

Phase 3
Objektivierung, Konkretisierung und Konstruktion einer ganzheitlichen Sichtweise der Situation:
- Die in Erzählung und Beschreibung dargestellten Perspektiven werden deutlicher herausgearbeitet und sichtbar gemacht.
- Objektivierung, Betrachtung und Analyse der eigenen Erzählung und der Problemstellung aus der Distanz.

Phase 4
Zukunftsskizzierung:
- Fokussierung auf die künftigen Vorstellungen zur Berufstätigkeit.
- Betrachtung und Analyse, inwiefern die bestehenden Probleme die Umsetzung behindern können bzw. wie dem begegnet werden kann.

Phase 5
Konkretisierung der Ziele und Handlungen:
- Beschreibung der möglichen künftigen Situation durch den/die Beratenen.
- Auswahl der Maßnahmen, die ergriffen werden.

Phase 6
Vereinbarung und Evaluation:
- Evaluation der Erfolge durch den Beratenden/die Beratende und ggf. weitere Beratung.

Abb. 11.2: Beispielhafte Phasen der kollaborativen Karriereberatung (Quelle: Savickas et al. 2009)

Die Vorgehensweisen und Instrumente beider Ansätze (Experten-/Expertinnenberatung oder kollaborative Beratung) lassen sich kombinieren, um einzelne bedeutsame Fragestellungen zu vertiefen und einen umfassenden Eindruck von dem/der Beratenen und seiner/ihrer Situation zu gewinnen. Allerdings sollte die Wahl der Vorgehensweise abhängig von den Kompetenzen des/der Beratenden, der Persönlichkeit des/der zu Beratenden sowie von typenspezifischen Erwartungen und Bedarfslagen erfolgen. So weist Rehfuss (2011) darauf hin, dass nicht alle Vorgehensweisen für alle Beratenen gleichermaßen geeignet sind.

Ein Laufbahncoaching kann man nicht nur zu Beginn der beruflichen Laufbahn in Anspruch nehmen, sondern es ist eine hilfreiche Unterstützung in allen Phasen des Berufslebens. Edgar Schein zeigt in seinem Phasenmodell der beruflichen Entwicklung verschiedene Phasen auf, die Berufstätige im Laufe ihres Lebens durchleben (Schein 2006). Dies sind:

Phase	Thema	Beschreibung
Phase 1	Wachsen, phantasieren und erkennen	In dieser Phase der Kindheit und Jugend werden erste vage Berufsvorstellungen geformt und erste Ausbildungen gewählt, die evtl. die beruflichen Zielbereiche fokussieren bzw. bestimmte Berufe mehr oder weniger ausschließen.
Phase 2	Lernen und Berufsausbildung	Jetzt wird die Berufsausbildung spezifiziert, entsprechende (berufsbildende) Schul- und Universitätsausbildungen werden gewählt, die mehr oder weniger spezifisch (z. B. Medizin oder Architektur) oder generell (Wirtschaft, Jura) sind. Für bestimmte Berufe müssen Entscheidungen schon relativ früh getroffen werden, für andere später.
Phase 3	Eintritt ins Berufsleben	In dieser Phase der Umstellung wird man mit der konkreten beruflichen Realität konfrontiert, die sich häufig anders darstellt als erwartet. Vor allem kommen soziale, politische und irrationale Elemente dazu. Erlernte Kompetenzen, persönlichkeitsrelevante Motive und Werte müssen der Arbeitswelt standhalten.
Phase 4	Grundausbildung (in der Organisation) und berufliche Sozialisation	Auch bei einer noch so guten Basisausbildung braucht man in bestimmten Berufen eine gewisse Zeit, bis man voll im Unternehmen einsetzbar ist. Man muss Prozesse und Strukturen kennenlernen, die Anwendung von Systemen erlernen und die Gewohnheiten und Selbstverständlichkeiten, denen Werte und Orientierungen zugrunde liegen, erkennen und akzeptieren. Diese Bereitschaft zur Übernahme organisationaler Werte nennt man berufliche Sozialisation. Viele Personen stellen sich in dieser Phase auch Fragen, wie z. B.: Passe ich in diese Organisation? Kann ich mich mit ihr und ihrer Kultur identifizieren? Kann ich auf Dauer mit den Kollegen, Kolleginnen und Vorgesetzten auskommen?

Phase	Thema	Beschreibung
Phase 5	Akzeptanz	Irgendwann ist diese Ausbildungs- und Orientierungsphase vorbei, und man wird vollwertiges Mitglied der Organisation. Man hat die Fragen, die man sich selbst gestellt hat, geklärt, und auch die Organisation zeigt ihre Bereitschaft zur Zusammenarbeit, z. B. durch Übernahme in ein reguläres Arbeitsverhältnis nach Ablauf der Probezeit sowie durch Rituale oder die Übertragung besonderer Aufgaben bzw. Projekte. In dieser Zeit kristallisiert sich auch heraus, ob man sich stärker der Organisation oder der Berufsgruppe zugehörig fühlt.
Phase 6	Dauerhafte Beschäftigung und Zugehörigkeit	Wenn die Voraussetzungen stimmen, fällt auf beiden Seiten die Entscheidung für eine dauerhafte Anstellung in der Organisation. Oft fällt dies mit der Übernahme einer Führungsposition zusammen.
Phase 7	Krise der mittleren Jahre	In der Mitte des Lebens werden die Ereignisse und Entscheidungen der ersten Lebenshälfte häufig überprüft und neu bewertet. Es wird überprüft, ob man überhaupt die richtige Berufswahl getroffen hat, ob man seine Ziele erreicht hat bzw. ob das Erreichte die dafür gebrachten Opfer wert war und ob man so weitermachen will wie bisher. Manchmal werden in dieser Phase neue Entscheidungen getroffen und wird ein neuer beruflicher Weg eingeschlagen, der mehr Sinnerfüllung verspricht oder den ursprünglichen beruflichen Träumen, die in der Zwischenzeit verloren gegangen sind, näher kommt.
Phase 8	Schwung erhalten, wiedergewinnen oder alles ausklingen lassen	Taucht man aus dieser Krise wieder auf, indem man sich erfolgreich neu orientiert oder das Bisherige voll akzeptiert hat, kann man in eine neue Phase eintreten, in der man nicht nur den alten Schwung wiedergewinnt, sondern sogar neue Kräfte entwickelt: in eine neue High-Phase, ähnlich dem »Second-wind-Phänomen«, das man schon lange, vor allem aus dem Laufsport und anderen Ausdauersportarten kennt, wo nach einer Phase der Ermüdung und Erschöpfung eine neue Phase folgt, in der man frischer ist als vor der Ermüdungsphase. Klappt die Neuorientierung, kann das nicht nur in eine Neudefinition der Berufsfelder, sondern auch in eine stärkere Betonung einer guten Work-Life-Balance münden. Manche entscheiden sich in dieser Phase, die beruflichen Tätigkeiten ohne neues Engagement ausklingen zu lassen. Das geht nicht zwangsläufig mit Resignation einher, sondern kann auch eine bewusste Entscheidung zugunsten eines ruhigeren Lebens ohne berufliche Hektik sein.

Phase	Thema	Beschreibung
Phase 9	Loslösung	Auch wenn man schließlich wieder Sinnerfüllung in der Arbeit gefunden hat, werden bei vielen irgendwann die Gedanken an den Ruhestand dominant, und sie beginnen, den neuen Lebensabschnitt vorzubereiten.
Phase 10	Ruhestand	Auch die letzte Phase kann sehr unterschiedlich beginnen und verlaufen. Manche gehen so früh wie möglich in den Ruhestand, besonders dann, wenn die letzte Berufsphase mit wenig Sinnerfüllung und Freude verbunden war; manche würden gerne weitermachen, werden vom Unternehmen aber nicht weiterbeschäftigt, und manche machen so lange wie möglich weiter, bis Krankheit oder Erschöpfung sie ausbremsen.

Tab. 11.1: Phasenmodell der beruflichen Entwicklung

11.1.2 Frauenspezifische Themen beim Laufbahncoaching

Während im Laufbahncoaching grundsätzlich alle Themen von allen Personen angesprochen werden können, gibt es doch einige Bereiche, die besonders von Frauen entweder vermehrt thematisiert oder aber gezielt ausgeblendet werden.

Diese Coachingthemen gelten als in besonderem Maße frauenspezifisch:
- **Frauen, Hierarchien und Macht:** Gerhard Schwarz (2007) beschreibt in seinem Buch »Die ›Heilige Ordnung‹ der Männer«, wie sich die Hierarchie in unserer Arbeitswelt durchgesetzt hat und dabei eine eigene Logik hat. Laut Schwarz wird die Zentralisierung von Funktionen mit der Machtergreifung der Männer in Verbindung gebracht, die mit Militär und Logik bestimmte Teilaspekte der Wirklichkeit herausheben, die weiblichen Dimensionen von sozialer Verantwortung aber vernachlässigen. Frauen sind daher Hierarchien gegenüber bis heute eher skeptisch, während sich Männer ihrer bedienen.
- **Mehrfachherausforderung durch Karriere und Familie:** Im Kontext der Verwirklichung eigener Vorstellungen sind Frauen trotz vieler gesellschaftlicher Veränderungen immer noch stärker von der Vereinbarkeitsproblematik betroffen. Männer lösen Spannungen zwischen ihren privaten und beruflichen Interessen auf eine oft dem Beruf Vorrang gewährende Weise, während Frauen über Schwierigkeiten berichten, die verschiedenen Bereiche miteinander in Einklang zu bringen (Braunstein-Bercoviz/Lipshits-Braziler 2017).
- **Kommunikation:** Frauen gelten als sehr gute Kommunikatorinnen, die gut Beziehungen aufbauen und heikle Themen ansprechen können. In größeren Gruppen jedoch werden sie oft still (siehe Kap. 11.3). Frauen tun sich öfters schwer damit, Nein zu sagen und sich abzugrenzen. Aber das ist erlernbar und kann trainiert werden. Ihre Kommunikationsfähigkeiten können sie auch für Verhandlungen nutzen und ausbauen.
- **Selbstmarketing:** Studien zufolge bewerben sich Frauen tendenziell erst dann auf eine Stelle, wenn sie alle Anforderungen umfassend erfüllen, ganz im Gegensatz zu Männern.

Mit einem Selbstmarketing-Training und dem Trainieren von Bewerbungssituationen kann ein Coach sie sehr gut unterstützen und ihnen zusätzliches Selbstwertgefühl vermitteln.
- **Networking:** Frauen nutzen ihre eigenen Netzwerke oft bedeutend schlechter als Männer, empfehlen und fördern sich gegenseitig teilweise nur unzureichend (siehe Kap. 14.3). Frauen nutzen ihre Netzwerke häufig zu wenig. Sie täten gut daran, ihre Netzwerkkompetenz weiterzuentwickeln, sich also zu fragen: Wen kenne ich in welchen Bereichen, und könnte ich nicht auch über Empfehlungen die Netzwerke dieser Personen nutzen?

11.2 Women (back) to business

Vielerorts gibt es Spezialprogramme, die Frauen zurück in den Beruf bringen möchten, falls diese eine Zeit lang (oft mehrere Jahre) nicht berufstätig waren. Sehr häufig sind die Frauen zu Beginn der Familienzeit »ausgestiegen«, manchmal haben sie aber auch ihren Partner an einen neuen Arbeitsort oder ins Ausland begleitet und konnten dort ihrem Beruf nicht nachgehen.

Ganz wichtig ist, dass Frauen – falls sie überhaupt aussteigen wollen oder müssen – den Kontakt zu ihrem Beruf und der Berufswelt behalten, um nach einer Familienphase wieder mindestens auf dem beruflichen Level wiedereinsteigen zu können, das sie bei ihrem Austritt erreicht hatten. Durch die Teilnahme an z. B. Wiedereinstiegsprogrammen können sie ihr berufliches Netzwerk stärken oder wiederbeleben.

Aus Sicht einer erfahrenen Karriereberaterin, die zahlreiche Frauen beim Wiedereinstieg begleitet hat, sollten Frauen bei der Karriereplanung zehn Punkte beachten:
1. **Den Beruf nie isoliert betrachten**, sondern immer als Bestandteil eines Gesamtsystems: Karriere oder der Beruf sollten immer im Zusammenhang mit dem gesamten eigenen Lebensweg gesehen werden. Andere Systemfaktoren wie Lebensort, Partner, Angehörige oder Gesundheit spielen in die Gestaltung des Berufslebens und in damit zusammenhängende Entscheidungen hinein.
2. **Den größten Unterschied machen Kinder:** Die Laufbahnen von Kinderlosen verlaufen bei Männern und Frauen praktisch gleich. Unterschiede tun sich erst dann auf, wenn Kinder im Spiel sind. Dies gilt für Frauen und Männer gleichermaßen.
3. **Augen auf bei der Partnerwahl:** Finden beide Partner das gleiche Modell gut, sei es ein traditionelles oder ein partnerschaftliches, funktioniert das Gesamtsystem deutlich besser als bei divergierenden Vorstellungen. Beide Partner finden sich in ihren Rollen zurecht, und die Zufriedenheit ist deutlich höher. Seit ein paar Jahren tendieren viele junge Frauen wieder eher zum traditionellen Modell. Die Konsequenz könnte man mit Eckart von Hirschhausen so beschreiben: »Ist ja klar, ein Chefarzt heiratet die Krankenschwester, ein Anwalt heiratet seine Sekretärin. Was übrig bleibt, sind die dummen Männer und die schlauen Frauen.«
4. **Fachkräftemangel:** Man kümmert sich im Moment nur um die Alten und die Frauen. Eigentlich ist es ja gut, dass es endlich einmal hauptsächlich um die Frauen geht. Aber sehr häufig

erhalten Frauen dadurch einen Touch von Hilfsbedürftigkeit oder werden als Quotenfrauen abgestempelt. Das entspricht nicht ihren Kompetenzen und zeugt von wenig Wertschätzung.

5. **Den Fuß in der Tür behalten:** Es ist ratsam, nie ganz aus dem Beruf auszusteigen. Veränderungen und Entwicklungen in der Arbeitswelt verlaufen inzwischen so rasant, dass man schnell den Anschluss verliert. Man weiß nicht mehr, welche Themen gerade gefragt sind, wo etwas Neues entsteht, an dem man gern beteiligt wäre, und vor allem verliert man den Kontakt zu Leuten, an die man sich wenden könnte oder die einem mitteilen, wenn irgendwo jemand gesucht wird. Man darf nicht vergessen, dass sehr viele Stellen nicht öffentlich ausgeschrieben, sondern innerhalb des Netzwerks vergeben werden.
6. **Lebenslanges Lernen:** Bleiben Sie neugierig und lernbereit. Wir lernen ca. 20 % von der Umgebung, etwa 70 % aus eigenen Erfahrungen und nur 10 % durch Ausbildung, Weiterbildung und Schulungen. Den Löwenanteil macht also unser Erfahrungswissen aus. Und dieses kann man nur anreichern, wenn man sich den Herausforderungen des Lebens stellt.
7. **Seien Sie selbst mutig**, aber suchen Sie sich auch eine mutige Organisation: Selbst wenn Sie noch so mutig und kraftvoll Ihren Weg gehen – ohne Unterstützung und Wertschätzung kommen Sie nicht weiter. Suchen Sie sich deshalb eine Organisation oder ein berufliches Umfeld, dem Sie sich selbst zu-muten können, ein Umfeld, das Ihre Stärken und Potenziale erkennt und Ihnen die Möglichkeit gibt, diese anzuwenden und auszuleben. Ab und zu muss man erkennen, dass man gegen Windmühlen kämpft. Das ist Energieverschwendung. Setzen Sie Ihre Energie lieber an Orten ein, an denen etwas entstehen darf.
8. **Netzwerken Sie:** Aus jahrelanger Beratungserfahrung wissen wir, dass Frauen im Netzwerken schlechter sind als Männer. Sie müssen ja nicht gleich einen Verein gründen oder sich täglich mit vermeintlich wichtigen Menschen treffen. Aber machen Sie sich Ihr eigenes Netzwerk bewusst, und nutzen Sie es gezielt. Gesunder Egoismus ist hier gefragt und Werbung in eigener Sache.
9. **Wie sieht mein Lebensplan aus?** Viele Frauen stellen sich diese Frage gar nicht. Vielleicht aus Angst vor der Antwort, wenn diese lauten könnte: »Ich will lieber Karriere machen als Mutter werden« und damit vielleicht nicht in den sozialgesellschaftlichen Rahmen passt, in dem man sich bewegt. Vielleicht lautet die Antwort aber auch: »Ich will unbedingt Kinder« oder »Kinder – kann ich mir vorstellen, ist aber kein Muss«. Sehr oft ist die Antwort abhängig vom eigenen Lebenslauf, davon, wie wir aufgewachsen sind, welche Rollenbilder uns vorgelebt wurden, wie wir das Konstrukt Familie erlebt haben (z. B. als positiv, fördernd, von Freude erfüllt oder negativ, belastend). Wichtig ist, dass Sie das für sich herausfinden und Ihren Lebensplan entsprechend gestalten.
10. **Holen Sie sich Unterstützung:** Sie müssen nicht alles allein bewerkstelligen. Unseren Kindern bringen wir ja auch bei, dass es klug ist, sich helfen zu lassen, und dass das nichts mit Schwäche zu tun hat. Es gibt mittlerweile tolle, manchmal sogar unentgeltliche Coaching-, Mentoring- oder Networking-Angebote, auch online, was gerade für Frauen, die oft nicht vor Ort sein können, von Vorteil ist.

11.3 Die Rolle von Frauen in Gruppen

Wir bewegen uns mehr oder weniger tagtäglich in Gruppen wie beispielsweise in Vereinen, Projektteams, Arbeitsgruppen oder Interessensgruppen, um nur einige zu nennen. Dabei nehmen wir fexibel und oft ohne darüber nachzudenken, die verschiedensten Rollen ein und treten mit anderen Personen, die ihrerseits auch wieder in unterschiedlichen Rollen unterwegs sind, in Beziehung – oder auch nicht, wobei auch das Nicht-in-Beziehung-Treten seine Wirkung hat. Meist können kleinere Unstimmigkeiten ignoriert oder zeitweilig beiseitegeschoben werden. Erst wenn daraus ein handfester Konflikt entstanden ist, es nicht mehr reibungslos läuft oder Fortschritt und Erfolg ausbleiben, werden wir uns dieser Umstände bewusst (Werro 2018). Vielleicht stellen wir auch fest, dass wir im Berufsleben nicht immer die Rolle einnehmen, die wir gerne hätten, sei es z. B. eine Expertenrolle oder Führungsposition. Wie fühle ich mich als einzige Frau in einem ansonsten nur mit Männern besetzten Gremium? Werde ich respektiert, und werden meine Vorschläge von der Gruppe aufgegriffen?

Bei der Gestaltung unserer Laufbahn und unserer Karriere ist es hilfreich, wenn wir uns unserer Kompetenzen, unserer Persönlichkeitsmerkmale und unserer Wirkung in und auf Gruppen bewusst werden. So können wir einschätzen, welche Rolle uns am meisten liegt und welche Rolle wir einnehmen möchten. Besonders gut können wir unser Selbstbild (das Bild, das wir von uns haben) mit dem Fremdbild (dem Bild, das andere von uns haben) während eines gruppendynamischen Trainings abgleichen. So kann frau sich ihrer Wirkung gewahr werden.

Kommunikationsstudien zeigen beispielsweise, dass Frauen in kleineren Gruppen sehr häufig die Führung übernehmen und gut zu Wort kommen, oft sogar das Gespräch dominieren. Werden die Gruppen jedoch größer, verstummen Frauen häufig, während Männer große Redeanteile für sich verbuchen und sich regelrecht in der Aufmerksamkeit der Gruppe sonnen (Onnela et al. 2014).

Vielleicht haben Sie das auch schon erlebt. Zu zweit funktioniert die Zusammenarbeit mit einem Kollegen sehr gut, Sie fühlen sich ernst genommen und wertgeschätzt. Doch dann nehmen Sie mit demselben Kollegen an einer größeren Teamsitzung teil, und er ist wie ausgewechselt, geht über Ihre Einwände hinweg und weist anderen Wortmeldungen mehr Bedeutung zu als Ihren.

Was dieses Beispiel zeigt, ist, dass wir uns unterschiedlich verhalten und, je nach Gruppe, verschiedene Rollen einnehmen und einnehmen müssen. Wir sind nicht in jeder Gruppe gleich, sondern können, je nach Gruppenkonstellation, verschiedene Rollen einnehmen, z. B. mehr oder weniger machtvolle Rollen. Wir fühlen uns unterschiedlichen Gruppen auch unterschiedlich stark zugehörig.

Bei der Erklärung dieser Phänomene hilft die Betrachtung der Gruppendynamik. Der Blick hinter die Kulissen kann aufdecken, dass so mancher Konflikt, der sich auf der Sachebene manifestiert, eigentlich ein Thema der Gruppe und der Beziehungen ihrer Mitglieder untereinander darstellt und es möglicherweise um Macht und Einflussnahme geht, um unterschiedliche Bedürfnisse in Bezug auf Nähe und Distanz oder ganz einfach darum, zur Gruppe dazuzugehören (Werro 2018).

Aus jahrzehntelanger Erfahrung mit gruppendynamischen Trainingsgruppen berichtet Gerhard Schwarz (2007) in seinem Buch »Die ›Heilige Ordnung‹ der Männer« über das Verhalten von Frauen in reinen Frauengruppen. Frauen fühlen sich in reinen Frauengruppen nicht so wohl wie Männer in reinen Männergruppen. Schwarz erklärt das damit, dass Frauen im Laufe der Evolution gelernt haben, auf individuelle Unterschiede zu reagieren und um das Überleben ihrer Kinder und das eigene Überleben zu kämpfen. Die Bildung von Gefolgschaften und Einheiten ist ihnen fremd, und sie können der bei Männern vorkommenden Verschworenheit nichts abgewinnen. Für die widerspruchslose Eingliederung in Hierarchien sei das ein Nachteil, so Schwarz (2007).

In reinen Frauengruppen erfolgt die Bewertung anderer Gruppenmitglieder weniger aufgrund von deren Funktion, sondern eher aus Akzeptanz, aufgrund individueller Bedürfnisse oder Abneigungen.

Bei gruppendynamischen Experimenten, bei denen sich die Gruppen gegenseitig Feedback gaben, forderten Frauen die Männer auf, ihre Gefühle zuzugeben und sich ihrer bewusst zu werden. Männer würden zu sehr in Strukturen und zu wenig in Beziehungen denken, so die Frauen. Andererseits forderten die Männer die Frauen auf, die Funktionen der beteiligten Personen zu sehen und nicht immer nur die Individuen (Schwarz 2007).

Was lernen wir daraus? Dass Frauen anders Karriere machen als Männer? Wichtig ist jedenfalls, dass sie sich der Rollen, die sie einnehmen, und ihrer Wirkung in Gruppen bewusst werden und dieses Wissen in ihrem Sinne einzusetzen lernen. Wir haben immer die Wahl, ob wir uns in eine Rolle drängen lassen oder selbst eine andere wählen.

11.4 Life-Design: mehr als nur Karriere

Das Career Counselling ist insbesondere im nordamerikanischen Kulturraum bereits seit den 1990er-Jahren als Beratungstechnik weit verbreitet (Brown/Brooks 1990). Seit etwa zehn Jahren wird es mit einer neuen Ausrichtung praktiziert. Es geht nicht mehr nur darum, die berufliche Laufbahn zu optimieren, sondern »Karriere« wird als ein Bestandteil des Lebensplans gesehen – was sie ja auch ist –, und somit wird nicht nur die Karriere designt, sondern das ganze Leben. Unter dem Stichwort Life Design haben Nota und Rossier (2015) ein Praxisbuch zu Methoden des Design Thinking herausgegeben. Mittlerweile gibt es ein grosses Angebot an Life-Design-Kursen und viele Beraterinnen und Berater, die einen dabei unterstützen, das eigene Leben positiv zu gestalten. Kernbach und Eppler (2020) kombinieren hierzu Methoden des

Design Thinking mit Erkenntnissen der positiven Psychologie und erläutern sehr anschaulich, wie jede und jeder selbst zum Life-Designer bzw. zur Life-Designerin werden kann.

Nichte weniger umfassend ist das systemische Karrieremodell von Svenja Hofert (2016). Auch sie bettet ihn ihrem Modell den »Ist-Zustand Karriere« in einen inneren und äußeren Kontext ein. Sie bezieht somit nicht nur personenspezifische Faktoren wie Qualifikation, Wissen, eigene Werte oder Stärken (innerer Kontext) in die Karriereplanung mit ein, sondern auch äußere Faktoren wie Kollegen, Kultur des Unternehmens, Abhängigkeiten und Partner/Familie/Kinder. Insbesondere mit dem letzten Faktor können frauenspezifische Lebensplanungsthemen adressiert werden.

Das Besondere am Life-Design-Ansatz ist also einerseits die ganzheitliche Betrachtungsweise und Integration von Karriere in einen Lebensentwurf, andererseits aber auch die spielerische Herangehensweise, die insbesondere durch die Methodik des Design Thinking eingebracht wird. Zunächst geht es hierbei um das Erkennen des »richtigen« Problems, anschließend werden mithilfe von Kreativtechniken mehrere Problemlösungsvarianten erarbeitet.

Das Denken und Planen in Varianten bedarf zu Beginn meist ein wenig Übung. Von altbekannten Denkmustern abweichen, sich Fragen zu stellen, vieles zu hinterfragen fühlt sich zu Beginn oft ziemlich unangenehm an. Aber mit der Zeit bekommen die meisten Menschen Spaß daran und können ihrer Fantasie frei(er)en Lauf lassen. Die Drei-Leben-Übung stellt entsprechende Fragen (siehe Abb. 11.3).

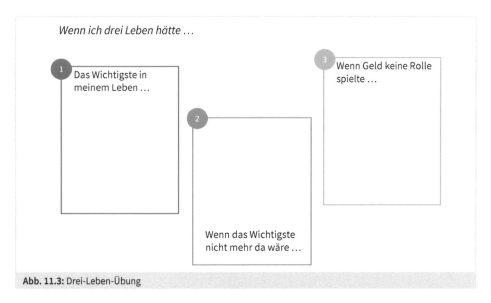

Abb. 11.3: Drei-Leben-Übung

Eine Methode, die wir für einen Workshop der alle zwei Jahre stattfindenden Changetagung in Basel entwickelt haben, nennt sich »Gestaltungsspielraum ausloten« (Abb. 11.4). Mit dieser

Methode lassen sich Ziele festlegen, die ruhig ambitioniert sein dürfen (»Da möchte ich hineinwachsen.«). Indem ich mir meiner Motive bewusst werde, erfahre ich, was mich antreibt, sodass ich mir meine intrinsische Motivation zunutze machen kann. Da ich mich auf meine Stärken verlassen kann (»Das gelingt mir immer.«), gewinne ich an Selbstbewusstsein und Stabilität. Ich weiß, was mir gelingt und womit ich punkten kann. Von einer solch sicheren Basis aus kann ich mich auf neues Terrain wagen und mich fragen: »Was möchte ich verändern? Was möchte ich ausprobieren?«

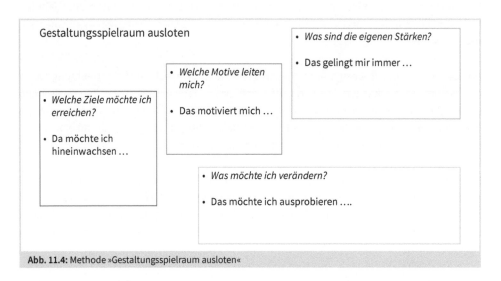

Abb. 11.4: Methode »Gestaltungsspielraum ausloten«

Wenn Sie sich bei Ihrer Lebensplanung von Anfang an durch vermeintliche Zwänge und Rahmenbedingungen einengen (»Ein Jobwechsel ist im Moment gar nicht möglich!« »Wenn ich Mutter werde, kann ich nicht mehr arbeiten.« »Ein Umzug in eine andere Stadt kann ich meinen Eltern nicht antun.«), werden Sie auch keine kreativen Lösungen entwickeln können. Domke und Granica (2019) beschreiben das Phänomen in ihrem Buch »Mutig führen« so: Um gut zusammenarbeiten zu können, braucht es beides, einen definierten Orientierungsrahmen und innerhalb dessen einen möglichst großen Gestaltungsspielraum. Dies gilt nicht nur für die Zusammenarbeit mit anderen, sondern auch für die mit sich selbst – ganz im Sinne der Selbstführung.

12 Career Coaching

Eine der meistgestellten Fragen, mit denen sich Klienten an einen Coach wenden, ist diese: »Wie werde ich glücklich im Beruf?« Ob Berufseinsteiger/-innen nach einer absolvierten Lehre oder einem Universitätsabschluss, Doktorand/-innen und Promovierte oder Berufserfahrene, die sich nach etlichen Jahren im Arbeitsleben umorientieren möchten – sie alle eint, dass sie an ihrer aktuellen Situation etwas verändern und ihr berufliches Ziel mit einem Coach konkretisieren wollen. Zunächst geht es darum, zu klären, welche Fragen sonst noch im Raum stehen, zu beleuchten, welche Kompetenzen vorhanden sind, zu hinterfragen, welche Interessen der/die Klient/-in hat und welche Werte seine/ihre Karriere antreiben. Doch letztlich geht es dem Klienten/der Klientin vor allem um eines: darum, sich neu zu sortieren und zu strukturieren. Denn dort, wo die Selbstreflexion über die eigenen Talente und Wünsche endet, kommt der Karrierecoach ins Spiel, der einen genau bei dieser Neuausrichtung unterstützt. Das heißt, im Anschluss an den Klärungsprozess findet ein Kreativprozess statt, der schließlich in ganz praktische, umsetzbare Aktionspunkte münden sollte, sodass der Klient/die Klientin am Ende in der Lage ist, sein/ihr Ziel anzugehen.

Oft wird im Rahmen von Karriereberatungen Standortfindung angeboten. Wir haben für diese meist 1,5- bis 3-stündigen Coachings einen Beratungsansatz entwickelt, der die Abfolge des fragenbasierten Coachingprozesses auf einer einzigen Seite visualisiert. Wir nennen diese Methode Counselling Canvas (Bischof 2017).

12.1 Das Dilemma des Karrierecoachings

Karrierecoachings stehen häufig vor einem Dilemma: Sie sollen einerseits Freiraum lassen, um kreative Ideen zu generieren. Andererseits sollen sie Struktur geben und Ordnung schaffen, die dem/der Einzelnen anschließend an den Coachingprozess eine selbstständige Umsetzung ermöglicht.

Worin besteht dabei das Dilemma? Damit Kreativität und neue Ideen entstehen können, braucht es vor allem eines: nichts. In seiner »Theory U« beschreibt Otto Scharma (2019) eindrücklich, dass erst dann, wenn echter Freiraum und Leere existieren, ein kreativer Prozess des Umdenkens und Reframings beginnen kann. Alles Einengende wie Raster, Ordnung und Struktur sind in dieser Phase nicht hilfreich, im Gegenteil, sie grenzen den kreativen Prozess von Anfang an ein.

Nun könnte man im Karrierecoaching ausschließlich mit Kreativmethoden arbeiten, um neue Ideen zu genieren. Damit allein wäre dem Klienten/der Klientin jedoch nicht geholfen, da diese neuen Ideen nicht mit dessen/deren Eigenschaften verbunden wären und nicht als eigene und passende Ideen angenommen würden. Um eine Identifikation mit den neuen Ideen herzustellen, ist ein direkter Bezug zur eigenen Person unumgänglich. Und das führt zu einem weiteren Dilemma.

Um sich seiner selbst, seiner Kompetenzen und Werte gewahr zu werden, benötigt der Klient/die Klientin ein strukturiertes Vorgehen, eine Art Sortierung, die der Coach mit ihm/ihr vornimmt. Erst wenn dem Klienten/der Klientin mittels strukturierter Selbstanalyse seine/ihre Kompetenzen, Interessen und Werte bewusst geworden sind und ein persönliches Alleinstellungsmerkmal formuliert wurde, kann in einem nächsten Schritt der Kreativprozess angegangen werden. Die nun entstehenden Ideen und Wünsche sind direkt mit der eigenen Person verbunden, da sie direkt davon abgeleitet werden. So geben die eigenen Kompetenzen eine Vorstellung von der Tätigkeit, also dem Beruf, den jemand ausüben möchte. Basiert meine berufliche Tätigkeit auf meinen Kernkompetenzen, werde ich erfolgreicher und zufriedener bei der Ausübung dieser Tätigkeit sein. Die Interessen einer Person geben einen direkten Hinweis auf das Arbeitsumfeld und die Branche, in der sie tätig sein möchte. Hierbei geht es nicht um die Tätigkeit selbst, sondern darum, Gleichgesinnte im eigenen Arbeitsumfeld anzutreffen. Diese »Interessengemeinschaft« im weitesten Sinn erzeugt ein Gefühl von Zugehörigkeit und schafft Akzeptanz.

12.2 Der Coaching Canvas

Eine Technik zur Auflösung dieses Dilemmas ist die Visualisierung. Mit dem Counselling Canvas ist es möglich, den Beratungsprozess einerseits zu strukturieren und andererseits Freiraum für Kreativität zu lassen.

12.2.1 Die drei Hauptbereiche des Canvas

Der Canvas besteht aus drei großen Bereichen, die einer übergeordneten Leitfrage unterstellt sind. Diese übergeordnete Leitfrage wird vom Klienten/von der Klientin bestimmt. Im Verlauf der Auftragsklärung entwickelt man mit dem Klienten/der Klientin eine Leitfrage für das gesamte Coaching, z. B.: »Wie finde ich einen Job, der mich glücklich macht?«

Die drei Bereiche der Beratung basieren ebenfalls auf Fragen, die durch den Coachingprozess führen: 1) »Was kann ich?«, 2) »Was will ich?« und 3) »Wie komme ich dorthin?«

12.2 Der Coaching Canvas

Abb. 12.1: Life Design Canvas

Im ersten Bereich bearbeitet man mit dem Klienten/der Klientin die Frage: »Was zeichnet mich aus, was kann ich?« Der Prozess, der zu ihrer Beantwortung führt, wird stark von der Fähigkeit des Klienten bzw. der Klientin zur Selbstreflexion bestimmt. Vor allem berufserfahrenen Klient/-innen sind ihre Kompetenzen und Interessen meist sehr gut bekannt. Berufseinsteiger/-innen sind sie hingegen oft noch nicht bewusst, sodass ihr Ziel darin bestehen könnte, sie klar zu formulieren. Bei beiden Gruppen lohnt sich häufig auch eine intensive Arbeit an den eigenen Karrierewerten. Wir nutzen hierfür u. a. den Karriereanker von Schein (2006).

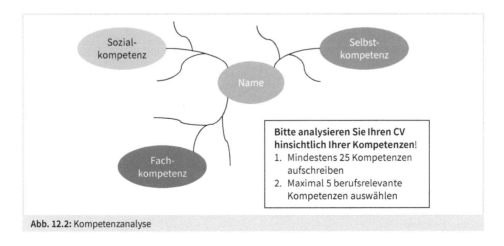

Abb. 12.2: Kompetenzanalyse

Der zweite Teil des Canvas widmet sich dem Kreativprozess, geleitet von der Frage: »Was will ich?« Hier stehen dem Coach verschiedenste Kreativmethoden zur Verfügung, z. B. Fragetechniken wie zirkuläres Fragen oder die Wunderfrage. Im Grundsatz wird versucht, den Klienten/die Klientin aus seiner/ihrer jetzigen Situation in fiktionale andere Situationen zu versetzen, entweder in der Vergangenheit (»Was wollten Sie als Kind werden?«) oder in der Zukunft. Auch für Letzteres stehen etliche Methoden zur Verfügung, wie Zielerlebnisreisen, Rückblick aus der Zukunft (Brief an einen guten Freund, datiert auf das Jahr 2026 o. Ä.), Rückblick auf das eigene Leben etc.

Der dritte Teil des Canvas bringt die entwickelten Ideen, Wünsche und neuen Ziele wieder zurück auf den Boden der Realität. In diesem Teil des Coachingprozesses werden ganz konkrete umsetzbare Teilschritte formuliert und als Action Steps notiert. Hier besteht auch die Möglichkeit, Zeitlinien zu skizzieren oder To-Do-Listen zu formulieren. Hierbei sollte der Klient/die Klientin im Mittelpunkt stehen. Mit ihm bzw. ihr gemeinsam sollten nur Schritte formuliert werden, die sich auch tatsächlich umsetzen lassen.

Neben diesen drei Hauptbereichen bieten die einzelnen Felder des Canvas Raum, um sonstige wichtige Dinge zu notieren, z. B. im Hinblick auf den Arbeitsort, das Umfeld oder die Ambitionen, für die neben dem Job Platz sein sollte. Einige Felder sind auch mit »Inspiration« oder »Platz für Brainstorming« betitelt und bieten explizit die Gelegenheit, eigene Ideen oder Gedanken festzuhalten.

12.2.2 Warum funktioniert der Canvas?

Der Counselling Canvas ist eine Visualisierungstechnik, die als eine Methode der qualitativen Sozialforschung angesehen werden kann (Bischof 2017). Gemeinsames Arbeiten mit sehr unterschiedlichen Wissenshintergründen kann nach der Theorie der Grenzobjekte dann stark vereinfacht werden, wenn man dazu Grenzobjekte benutzt, wie beispielsweise Karten oder Darstellungen (Comi et al. 2014).

Im Coachingprozess erfüllt die Visualisierung daher mehrere Funktionen zugleich: Sie
- protokolliert und dokumentiert (wichtig für Folgesitzungen),
- unterstützt das Festhalten von Gedanken,
- ermöglicht einen gemeinsamen Fokus,
- gibt Raum zum Skizzieren,
- überwindet Gesprächsbarrieren oder Konflikte,
- verdeutlicht dort, wo Erklärungen nur mit Worten schwierig werden, z. B. bei zeitlichen Abläufen,
- fördert das aktive Zuhören,
- hilft, Grundannahmen in Worte zu fassen.

Der Klient/die Klientin sollte entscheiden können, wer im Canvas schreibt und skizziert. Sehr häufig bitten die Klienten den Coach, zu schreiben, damit sie sich mehr auf ihre Gedanken konzentrieren können.

Bevor wir diesen Counselling Canvas entwickelten, wurde zunächst eine intensive Literaturrecherche durchgeführt. Da wir jedoch kein ähnliches Instrument und keine ähnliche Methode finden konnten, erstellten wir diesen Canvas.

Wir hoffen, dass diese Methode auch anderen Coaches für Coaching Sessions zu den Themen »berufliche Orientierung« und »Karriereplanung, -entwicklung oder -veränderung« dienlich sein kann. Oder aber dass sie im Sinne des Selbstcoachings damit arbeiten.

12.3 Die Karriereanker nach Edgar Schein

Die Karriereanker fungieren als Instrument zur Analyse möglicher Karriereorientierungen, das vielfach in der Karriereberatung eingesetzt wird. Dabei wird einerseits eine Bilanz der eigenen beruflichen Laufbahn in der Vergangenheit gezogen, und andererseits werden die zukünftigen Karrieremöglichkeiten eruiert (Olbert-Bock et al. 2017). Entwickelt wurde das Instrumentarium durch den Organisationspsychologen Edgar H. Schein. Dieser geht davon aus, dass jeder Mensch im Laufe seines (beruflichen) Lebens bzw. Werdegangs ein Selbstkonzept entwickelt. Dies impliziert, dass jede Person Vorstellungen von der eigenen Persönlichkeit hat, sich also Gedanken macht über ihre besonderen Fähigkeiten, Fertigkeiten, Kompetenzen, Stärken oder Schwächen. Ebenso definiert Schein persönliche Bedürfnisse, Motivationen, Ziele sowie persönliche Wertvorstellungen als Hauptbeweggründe für die Wahl des einen oder anderen Karrierewegs. Neben der »inneren Karriere« – also dem Leben mit dem Selbstbild in Disharmonie oder Einklang mit den eigenen Werten – betont E. H. Schein die »äußere Karriere«, also das Verfolgen von »organisational oder professionell festgelegten Karrierepfaden« (Schein 2006). Diese Grundidee bildete die Basis zur Entwicklung der Karriereanker.

12.3.1 Entwicklung und Anwendung

Zwischen 1961 und 1973 führte Schein eine Langzeitstudie an der Sloan School of Management am Massachusetts Institute of Technology (MIT) durch. Dabei ging es ihm vor allem um das Verständnis von Managerkarrieren. Das Ziel war, herauszufinden, wie Karrieren in der Praxis tatsächlich gelebt werden. Dabei konnte Schein ein wichtiges Ergebnis für die Laufbahn- bzw. Karriereforschung erzielen. Experten und Expertinnen sprachen zum damaligen Zeitpunkt noch über drei wesentliche Laufbahnen: die Fach-, Führungs- und Projektlaufbahn. E. H. Schein erkannte jedoch, dass tatsächlich mindestens acht solcher Laufbahn- bzw. Karrierevarianten existieren. Diese werden als Karriereanker bezeichnet und lauten wie folgt:
a) technische/funktionale Kompetenz
b) Befähigung zum General Management
c) Selbstständigkeit/Unabhängigkeit
d) Sicherheit/Beständigkeit

e) unternehmerische Kreativität
f) Serviceorientierung oder Hingabe an eine Idee oder Sache
g) totale Herausforderung
h) Lebensstilintegration

Der Berater/die Beraterin gibt dem Kandidaten bzw. der Kandidatin einen Fragebogen, der von diesem/dieser ausgefüllt werden muss, und interviewt ihn/sie zusätzlich. Dies bewirkt eine Auseinandersetzung mit der persönlichen Einstellung zum Thema »Beruf«, zu den damit zusammenhängenden persönlichen Beweggründen und zu besonderen Fähigkeiten und Werten statt. Da der Fragebogen als Vorbereitung auf das persönliche Gespräch dient, sollte dieser stets vor dem Interview bearbeitet werden. Der Fragebogen wird vom Kandidaten bzw. von der Kandidatin selbst ausgefüllt und ausgewertet. Optional kann die Auswertung auch durch die beratende Person erfolgen. Der Fragebogen enthält 40 Items, aufgeteilt auf die acht oben genannten Karriereanker.

Der/die Coachee bewertet die gemachten Aussagen jeweils anhand einer Skala von 1 bis 6, abhängig davon, ob das jeweilige Item auf ihn bzw. sie zutrifft (1, wenn die Aussage gar nicht zutrifft, 6, wenn die Aussage vollkommen zutrifft) (Hofert 2016). Insgesamt ist für die Durchführung sowie die Auswertung des Fragebogens mit einem zeitlichen Aufwand von 20 Minuten zu rechnen.

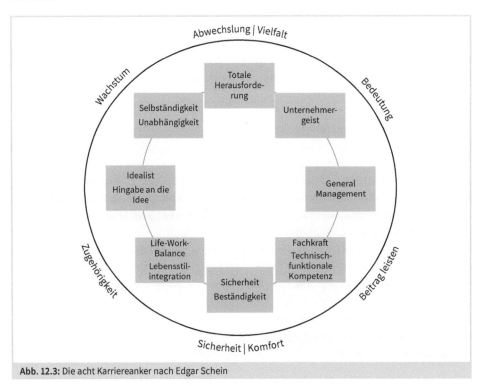

Abb. 12.3: Die acht Karriereanker nach Edgar Schein

Anschließend findet ein ca. 120-minütiges Gespräch zwischen Coachee und Karriereberater/-in statt. Weitere 30 Minuten sind für die abschließende Ermittlung des persönlichen Karriereankers einzuplanen. Damit dürfte die Gesamtzeit der Durchführung bei ca. drei Stunden liegen. Bei dem Gespräch werden nicht nur die Ergebnisse aus dem Fragebogen besprochen, sondern es wird auch ein Karriereinterview mit dem Klienten/der Klientin geführt. Auch hierfür wurde von Schein und seinem Team ein Gesprächsleitfaden entwickelt, der so spannende Fragen wie z. B. diese enthält: »Haben Sie schon mal ein berufliches Angebot ausgeschlagen? Welche Alternativen standen Ihnen zur Verfügung?«

Indem man darüber reflektiert, was die Alternative zu einem sehr einfach einzuschlagenden Karrierepfad ist, für den ein (eventuell sogar verlockendes) Angebot vorliegt, kommt man häufig der Frage näher, was einen wirklich motiviert oder interessiert. Erhalten Sie beispielsweise das Angebot, eine Führungsposition zu übernehmen, entscheiden sich jedoch für eine weitere Ausbildung, liegen Ihre Interessen vielleicht eher im Bereich »Wachstum« und weniger im Bereich »einen Beitrag leisten« (siehe Abb. 12.4).

Solch biografische Interviews sind sehr hilfreich für die eigene Karriereplanung. Sie müssen nicht in Einzelsitzungen durchgeführt werden, sondern eignen sich auch als Kennenlernübung in beruflichen Gruppen.

Abb. 12.4: Biografisches Interview

12.3.2 Auswertung und Interpretation

Wie bereits ausgeführt, wird jedes der 40 Items anhand einer Skala mit einer Note zwischen 1 und 6 bewertet. Die Werte werden in einer Tabelle zur Auswertung zusammengeführt. Die Kopfzeile enthält die acht bereits angesprochenen Karriereanker. Die Spalten enthalten die durchnummerierten 40 beantworteten Items. Anschließend werden die Bewertungen des Klienten/der Klientin in die Tabelle übertragen.

Inhaltliche/ technisch-funktionale Kompetenz	General Management	Selbstständigkeit/ Unabhängigkeit/ Gestaltungswillen	Sicherheit	Unternehmerische Kreativität	Hingabe an eine Sache	Totale Herausforderung	Lebensstilintegration
1	2	3	4	5	6	7	8
9	10	11	12	13	14	15	16
17	18	19	20	21	22	23	24
25	26	27	28	29	30	31	32
33	34	35	36	37	38	39	40

Tab 12.1: Auswertung der Karriereanker (Quelle: Hofert 2016)

Die drei am ehesten auf die eigene Person zutreffenden Aussagen werden mit jeweils vier zusätzlichen Punkten gewichtet. Anschließend werden die Werte der einzelnen Spalten zusammengezählt und durch die Anzahl der Items pro Kategorie geteilt (= 5). Die acht resultierenden Durchschnittswerte ergeben die Reihenfolge der acht Grundorientierungen (Hofert 2016).

Der persönliche Karriereanker soll einem Klienten bzw. einer Klientin bewusst machen, welche Kriterien für ihn bzw. sie bei einer Karriere- bzw. Laufbahnentscheidung von hoher Bedeutung sind und daher möglichst nicht aufgegeben werden sollten, sondern vielmehr besondere Aufmerksamkeit erfordern. Neben der Art der Arbeit werden in der Auswertung auch weitere Kriterien wie Entlohnung, Zusatzleistungen sowie Vorlieben bei Beförderung und Anerkennung untersucht.

Die acht Karriereanker sind in einem Handbuch ausführlich beschrieben und helfen dem Experten bzw. der Expertin beim Coaching (Schein, 2006).

13 Entwickeln Sie Self-Leadership!

Wenn es um die Planung und Gestaltung Ihrer Karriere geht, hat das viel mit Selbststeuerung zu tun. Self-Leadership ist »ein zielorientierter selbst beeinflussender Prozess« (Furtner/Baldegger 2016).

13.1 Self-Leadership in der modernen Arbeitswelt

Vor allem die Anforderungen an die (beruflichen) Qualifikationen von Beschäftigten im Hinblick auf ihre digitalen und sozialen Kompetenzen werden durch das Entstehen neuer und innovativer Geschäftsmodelle immer wichtiger, und Flexibilität, Vernetzung und Schnelligkeit der Mitarbeitenden werden im Arbeitskontext insgesamt zunehmend eine übergeordnete Rolle spielen. Für Beschäftigte bedeutet dies auf Individualebene u. a., komplexe und dynamische Probleme eigenständig lösen zu müssen (Freiling et al. 2020; Kauffeld 2019; Sauter et al. 2018). Die Arbeitswelt befindet sich durch die zunehmende Digitalisierung in einem kontinuierlichen Wandel, was auch künftig eine stetige Neuausrichtung und Anpassung der beruflichen und persönlichen Kompetenzen erfordert, um den Anforderungen der Zukunft gewachsen zu sein (Kauffeld 2019).

Ausschlaggebend für die Motivation von Beschäftigten ist die Erwartung, den gestellten Aufgaben gewachsen zu sein: Selbstwirksamkeit beschreibt dabei den Glauben und die Überzeugung einer Person, dass sie fähig ist, eine bestimmte Aufgabe in einem bestimmten Kontext erfolgreich zu erledigen (Becker 2019). Das Individuum ist also überzeugt davon, mit den eigenen Fähigkeiten und Kompetenzen Hindernisse, die die Zielerreichung behindern, erfolgreich zu überwinden (Knispel et al. 2021). Unser Selbstwertgefühl wird gestärkt, und wir werden leistungsfähiger, aber auch resilienter (Petersen et al. 2006; Schiml 2013).

Durch die Covid-19-Pandemie wurde die Arbeitsweise vieler Menschen sehr stark beeinflusst (Riedl/Wengler 2021). Homeoffice war für viele Menschen die neue Normalität. Hierbei waren wir gefordert, uns selbst zu organisieren und zu motivieren. Die Forschung zeigt in diesem Zusammenhang, dass das Arbeiten im Homeoffice insbesondere Kompetenzen wie Selbstorganisation und Selbstreflexion (Dimension: Selbstmanagement) und Eigeninitiative/Engagement (Dimension: unternehmerisches Handeln & Eigeninitiative) erfordert. Damit einhergehend kann auch das Konzept der beruflichen Selbstwirksamkeitserfahrung aufgegriffen werden, welches nahelegt, dass Personen, die von ihren Fähigkeiten überzeugt sind, schwierigen Situationen motivierter gegenüberstehen und diese besser meistern als andere.

Self-Leadership ist also ein sich selbst beeinflussender Prozess zur Steigerung der persönlichen Effektivität. Self-Leadership zeichnet sich durch folgende Elemente aus:
- Keine direkte Führung durch andere Personen.
- Die Führungskraft kann sich selbst effektiv beeinflussen und führen, um im Anschluss andere effektiv zu führen. Sie wirkt dadurch als Vorbild.

13 Entwickeln Sie Self-Leadership!

- Eigene Gedanken und eigenes Verhalten werden selbst beeinflusst und zielorientiert gelenkt.
- Die eigenen Stärken und das, was einem Freude macht, stehen im Fokus.
- Kreatives und innovatives Verhalten wird gefördert, die Arbeitszufriedenheit erhöht sich.
- Stress wird reduziert.

13.2 Strategien des Self-Leadership

Self-Leadership beinhaltet drei definierte Strategien (nach Furtner/Baldegger 2016):
- kognitionsbasierte Strategien
- natürliche Belohnungsstrategien
- soziale Self-Leadership-Strategien

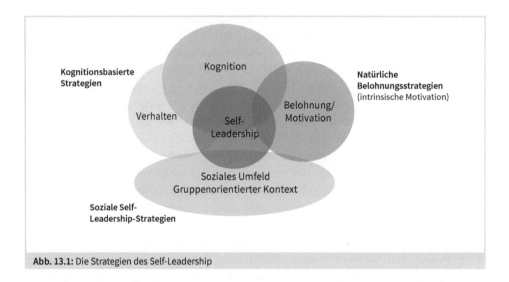

Abb. 13.1: Die Strategien des Self-Leadership

Kognitionsbasierte Strategien sind die folgenden:
- Selbstanalyse/Selbstbeobachtung: sich der eigenen Stärken und Gedanken (Kognitionen) bewusst werden, um sie in eine gewünschte Richtung zu lenken.
- Selbstzielsetzung: dem Veränderungsprozess durch herausfordernde und spezifische Ziele eine Richtung geben und dadurch Spannung und Motivation aufbauen. In Abbildung 13.2 finden Sie eine Übung dazu.
- Selbstverbalisierung (Selbstgespräche) und Selbsterinnerung: Positive Selbstgespräche und Erinnerungshilfen motivieren zur Zielerreichung, belohnen und verstärken das Verhalten (Selbstgespräch als »innere« Erinnerungshilfe; materielle (Poster, Post-its) oder soziale (Freunde, Kollegen/Kolleginnen) Erinnerungsstützen als »äußere« Erinnerungshilfen).

13.2 Strategien des Self-Leadership

> **Übung – Selbststeuerung als Strategiedimension** 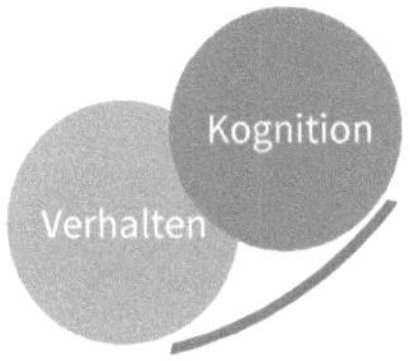
>
> Kognition
> Verhalten
>
> *Welche Ziele möchte ich erreichen?*
> ....
> ....
>
> *Was ist Plan B?*
> ....
> ....
>
> *Wie erinnere und motiviere ich mich dafür?*
> ....
> ....

Abb. 13.2: Übung zur Selbststeuerung

Um Interesse für eine Tätigkeit zu entwickeln und während der Aufgabenbewältigung Freude zu erleben, können **natürliche Belohnungsstrategien** angewendet werden. Natürliche Belohnungsstrategien nehmen Einfluss auf:
- die subjektive Wahrnehmung (positive Einstellung gegenüber der Aufgabe),
- die gedankliche Ausrichtung (positives Denken) und
- Emotionen (Spaß und Freude).

Ziel ist es, Einfluss auf die intrinsische Motivation auszuüben. Hierzu braucht es einen positiven Fokus auf die zu bewältigende Aufgabe (Aufmerksamkeitsentwicklung). Die Implementierung von intrinsisch motivierenden Aspekten in weniger erfreuliche Aufgaben sowie eine positive Darstellung (kognitiver Prozess) kann durch diese drei Schritte erreicht werden:
- positiver Fokus (Aufmerksamkeitsentwicklung)
- Intrinsifizierung (Situationsmodifikation)
- Erfolgsvisualisierung (kognitive Neubewertung)

Personen sind auch in ein soziales Umfeld eingebettet. Daher kann man sich auch **soziale Self-Leadership-Strategien** zunutze machen und sein soziales Umfeld in den Selbststeuerungsprozess mit einbeziehen.

Auf Basis eines positiven Verhaltensmodells kann Lernen stattfinden, Self-Leadership-Kompetenzen werden durch eine sogenannte Gruppenoptimierung erlernt. Dabei wird Self-Leadership mit Shared Leadership (geteilter Führung) verknüpft. Hierbei geht es darum, die Leistung von Gruppen-/Teammitgliedern zielorientiert zu beeinflussen. Durch geteilte Verantwortung,

Macht und Kontrolle findet eine wechselseitige Beeinflussung statt. Diese Strategien können angewendet werden:
- beziehungsorientierte natürliche Belohnungsstrategien (Freude an der Zusammenarbeit)
- beziehungsorientierte Selbstbeobachtung (Bezug auf sozialen Kontext, Erwartungen von und an Teamkollegen)
- Leistungsbezugnahme (Informationsquelle, sozialer Bezugspunkt): Bewertung der eigenen Leistung
- sozialer Bezugspunkt: Vergleich der eigenen Ziele mit Gruppenzielen

14 Vergleiche, Role Models und Personae

In den vielen Interviews, die wir über die Jahre mit Frauen in unterschiedlichsten Positionen und Lebenslagen geführt haben, aber auch aus vielen Coachings haben wir erfahren, dass sich viele Frauen nach Vorbildern oder Role Models sehnen, die ihnen als gutes Beispiel dienen. Durch die Analyse von Lebensverläufen anderer kann man für sich selbst viele wertvolle Informationen und Erkenntnisse gewinnen. Dabei kann man sich Fragen wie diese stellen: Wie sind andere vorgegangen, um Hindernisse zu überwinden? Gibt es andere Entscheidungswege, die auch ich anwenden könnte? Wie sind andere Frauen in ihre Positionen gekommen, und könnte ich das nicht auch so machen? Wo haben andere sich Unterstützung geholt?

Albert Einstein hat es einmal so formuliert: »Das gute Beispiel ist nicht eine Möglichkeit, andere Menschen zu beeinflussen, es ist die einzige!«

Dieser Satz gilt auch im Sinne der Selbstbeeinflussung. Möchte ich also meinen eigenen Lebensweg aktiv gestalten, können Vorbilder und Role Models im Sinne des guten Beispiels eine große Hilfe sein.

14.1 Interviewen Sie andere Karrierefrauen!

»Führen sie Ihre eigenen Interviews mit Karrierefrauen!« Diese Aufgabe stellen wir seit Jahren den Studierenden in unserem Hochschulkurs »Selbststeuerung im Berufsleben und Frauenkarrieren«. Die Studierenden erhalten die Aufgabe, in ihrem Netzwerk oder auch aus Zeitschriften und Medienberichten Frauen zu identifizieren, deren Lebensweg sie in irgendeiner Art und Weise beeindruckt. Sei es, dass diese Frauen etwas Besonderes erreicht haben oder in einem speziellen Bereich tätig sind, sei es, dass sie einfach inspirierende Persönlichkeiten darstellen. Zunächst sollen die Studierenden so gut wie möglich den Lebenslauf dieser Frauen recherchieren und einen Interviewleitfaden erstellen. Und natürlich bei der Frau ihrer Wahl anklopfen und fragen, ob sie bereit wäre, ein Interview zu geben. Ich habe bis heute noch nie erlebt, weder bei anderen noch bei mir selbst, dass diese Bitte abschlägig beantwortet wurde. Warum auch? Wie würden Sie selbst reagieren, wenn bei Ihnen eine andere Frau anruft und Ihnen sagt, wie beeindruckt sie von Ihrem Lebensweg ist, und Sie fragt, ob Sie bereit wären, ihr ein Interview zu geben, das sie nur für eigene Zwecke verwenden und vertraulich behandeln wird?

Alle Studentinnen, die diese Aufgabe ausgeführt haben, waren begeistert. Sie erfuhren dabei viel Wissenswertes, wurden mit neuen Sichtweisen konfrontiert und konnten Ideen entwickeln. Und ganz nebenbei knüpften sie einen neuen Kontakt, um ihr eigenes Netzwerk zu stärken.

14.2 Vier Personae, die es bis in die Spitze von Unternehmen schaffen

Insbesondere innerhalb von Organisationen können andere Frauen als gutes Beispiel oder Vorbild wirken – oder Sie nehmen selbst ein Vorbildrolle ein und ermöglichen damit anderen neue Möglichkeiten.

Weibliche Stärken wie höhere Sozialkompetenz, Tiefgründigkeit oder eine geringere Neigung zu »faulen Kompromissen« helfen den Frauen selten. Vielmehr werden eine geringe Selbstsicherheit, eine eingeschränkte Netzwerkorientierung und ein wenig systematischer Karriereaufbau für den geringen Frauenanteil in Boards verantwortlich gemacht. Frauen stehen damit auch hier vor dem Dilemma, sich zwischen der gesellschaftlich wenig anerkannten, aber für die Durchsetzungsfähigkeit wohl notwenigen »Anpassung an die Männer« und dem spezifischen »Frau-Sein«, das wenig zum heute vorherrschenden Verwaltungsratsambiente passt, bewegen zu müssen. Beide Vorgehensweisen sind notwendig, und beide kommen für sich genommen nur beschränkt gut an.

Es ist ein schmaler Grat, auf dem Frauen in Führungspositionen sich bewegen. Bei den Interviews kristallisierten sich vier Frauentypen heraus, die hauptsächlich in Boards zu finden sind:
- Frauen, die selbstsicher in Männerdomänen kämpfen und männliche Verhaltensmuster anwenden
- Frauen mit Leistungsausweis, die sich auf breite Erfahrung, digitale Kompetenzen und ihr strategisches Handeln stützen
- Frauen mit exklusiver Unterstützung durch ihre Herkunft oder eine andere individualisierte Förderung
- Frauen, die Fachwissen einbringen, das wegen fehlender »Manpower« aktuell nicht von Männern abgedeckt werden kann

Aus den Ergebnissen der Interviews haben wir vier Personae bzw. Frauentypen abgeleitet, die häufiger in Verwaltungsräten zu finden sind (siehe Abb. 14.1).

14.2 Vier Personae, die es bis in die Spitze von Unternehmen schaffen

Sandra Stark Frauen mit Präsenz in Männerdomänen	**Werdegang/Kompetenzen** • Oft Erfahrung in Kaderpositionen bei Banken, Versicherungen, Anwaltskanzleien, Wirtschaftsprüfungsgesellschaften • Rechts- oder Wirtschaftswissenschaftsstudium • Evtl. Arbeitserfahrung im Ausland	**Demographie/familiäre Situation:** • 45–60 Jahre • In Partnerschaft lebend • Eher kinderlos
	Persönlichkeit/Interessen: • Sachliche, klare und fundierte Meinungsvertretung • Networking fällt ihr leicht • Genderthemen sollten nicht im Vordergrund stehen • Erfolg ist Ergebnis gezielter Arbeit	**VR-Ambitionen** • Finanzsektor: Banken- und Versicherungsbranche • MEM-Industrie
Fränzi Förderung Frauen mit starker (privater) Vernetzung/Förderung	**Werdegang/Kompetenzen** • Oft Nachfolgerin in einem Familienunternehmen • Fundierte Aus- und Weiterbildung (Berufslehre, eidg. Diplome, evtl. Fachhochschulstudium) • Pragmatische Macherin	**Demographie/familiäre Situation:** • 35–50 Jahre • Kinder und Karriere werden als Herausforderung angesehen
	Persönlichkeit/Interessen: • Kann sich gut integrieren • Öfters auch politisch interessiert oder selbst aktiv • Strebt eine bedeutende Rolle im Familienunternehmen einzunehmen	**VR-Ambitionen** • Mitglied des VR im Familienunternehmen • Nutzt pragmatisch sich ergebende Chancen
Jennifer Jung Frauen mit spezifischen Kenntnissen	**Werdegang/Kompetenzen** • Oft Erfahrung in Industrie-, Pharma-, Medtech- oder Technologieunternehmen • FH- oder Unistudium • Hohe Digitalisierungskompetenz	**Demographie/familiäre Situation:** • 35–45 Jahre • Jung und dynamisch • Eher kinderlos/DINKS
	Persönlichkeit/Interessen: • Denken »anders«, out of the box • Arbeit und Privatleben vermischen sich stark • Aufgewachsen in der Gleichstellungsmentalität • Selbstsicher	**VR-Ambitionen** • Sinnhaftigkeit der Aufgabe steht im Vordergrund (auch bei Wahl der VR-Mandate) • Durchbrechen der Macho-Strukturen

Eva Erfolgreich Frauen mit ausge-wiese-nen Leistungs-nachweisen	Werdegang/Kompetenzen • Breite Berufs- und Führungserfahrung in verschiedenen Branchen • Oft auch internationale Berufserfahrung • Hochschulstudium oft mit Promotion • Strategisches Denken • Sprachen und Kommunikation	Demographie/familiäre Situation: • 45–60 Jahre • In Partnerschaft lebend • Kinder bereits selbständig/erwachsen
	Persönlichkeit/Interessen: • Starke, mutige Persönlichkeit • Verfügt über ein sehr gutes (berufliches) Netzwerk • Opportunistisch	VR-Ambitionen • Strebt mehrere VR-Mandate an • VR-Mandate als Teil des Geschäftsmodells • Hat Zeit für Mandate und ist aufgrund der Erfahrung bereit, gezielte Risiken einzugehen

Abb. 14.1: Vier weibliche Personae, die häufiger in Verwaltungsräten anzutreffen sind (Quelle: Bischof et al. 2022)

14.3 Networking und Mentoring

Frauenkarrieren sind in vielerlei Hinsicht speziell. Manche Frauen brauchen einen kleinen Impuls, um richtig in Fahrt zu kommen, andere eine gute Empfehlung, um den Einstieg zu finden, oder jemanden, der ehrlich seine Erfahrungen schildert, um ihnen das Gefühl zu geben: Ich bin okay, so wie ich bin, und ich muss mich nicht verändern, um in diese oder jene Firma zu passen.

Eine gute Möglichkeit, solche Einblicke zu erhalten und mithilfe solcher Informationen die eigene Karriere zu gestalten, bietet, neben Coaching oder Austausch mit anderen Personen im eigenen Netzwerk, das Mentoring. Nun fragen Sie sich vielleicht, worin der Unterschied zwischen einem Mentoring-Gespräch, einem Austausch im Netzwerk, einem Interview und einem Coaching besteht.

Mentoring (Singh et al. 2009) beschreibt die Beziehung zwischen zwei Personen: Mentees, die Ziele erreichen möchten, und Mentor/-innen, die Mentees auf diesem Weg unterstützen. Im Gegensatz zum Coaching sind die Mentor/-innen nicht speziell ausgebildet, sondern häufig Experten bzw. Expertinnen in ihrem Beruf oder Professionals mit langer Berufs- und häufig auch Führungserfahrung. Zudem erfolgt das Mentoring sehr häufig pro bono, der Mentor/die Mentorin erhält also kein Honorar für seine/ihre Unterstützungsleistung.

Ein Interview oder Austausch im eigenen Netzwerk hat einen eher unverbindlichen Charakter, eine längerfristige unterstützende Austauschbeziehung wird hier nicht aufgebaut.

Anders beim Mentoring, denn hier gehen Mentor/-in und Mentee für einen zuvor definierten Zeitraum eine Austauschbeziehung ein. Der Mentor/die Mentorin unterstützt den/die Mentee beispielsweise durch:
- regelmäßige Gespräche,
- konkrete Anleitungen,
- Vermittlung von Wissen und Kontakten,
- aktive Förderung.

Es ist ein Fakt, dass Frauen seltener in Toplevel-Funktionen anzutreffen sind als Männer. Das hat unterschiedliche Gründe; einer liegt im mangelnden Selbstvertrauen der Frauen. Bei Bewerbungen legen Frauen die Anforderungen offener Stellen oft viel zu eng aus und fühlen sich ihnen dann nicht gewachsen (Mohr 2014; Powell/Butterfield 1994). Wissenschaftliche Studien zeigen, dass sich Frauen weniger häufig für Topmanagement-Funktionen bewerben und sich diese seltener zutrauen als gleich qualifizierte Männer (Powell/Butterfield 1994). So bewerben sich Frauen nur, wenn sie Stellenanforderungen zu 100 % erfüllen, während Männer sich bereits bewerben, wenn sie 60 % der Anforderungen erfüllen. Auch haben Frauen mehr Angst vor Ablehnung und Misserfolg sowie daraus resultierenden Konsequenzen für die weitere Karriereentwicklung im Unternehmen (Mohr 2014). Darüber hinaus legen sie teilweise einen zu großen Schwerpunkt auf die inhaltliche Erfüllung ihre Aufgaben, anstatt sich auf Management und Organisation zu konzentrieren, und verkaufen sich so oft unter Wert.

Ein anderer Grund dafür, dass Frauen weniger in Managementpositionen anzutreffen sind, ist ihr schlechtes Networking. Im Gegensatz zu Männern nutzen Frauen ihre eigenen Netzwerke oft bedeutend schlechter, empfehlen und fördern sich gegenseitig teilweise nur unzureichend. Das »Queen Bee Syndrome« beschreibt das Phänomen, dass besonders Frauen, die sich in männerdominierten Umgebungen erfolgreich durchgesetzt haben, die bestehenden Strukturen eher reproduzieren, als sie herauszufordern oder systematische Veränderungen herbeizuführen, um die Unternehmenskultur, in der sie selbst erfolgreich sind, aufrechtzuerhalten (Derks et al. 2016; Ellemers et al. 2004). Statt weibliche Untergebene zu fördern und sich für mehr Genderdiversität einzusetzen, distanzieren sich diese Frauen von jüngeren und weniger erfolgreichen Kolleginnen, passen ihren Führungsstil und ihre Selbstdarstellung dem Führungsstil und der Selbstdarstellung männlicher Kollegen an und legitimieren somit die bestehenden Hierarchien und die Ungleichheit der Geschlechter (Derks et al. 2016; Ellemers et al. 2004). Infolgedessen bieten Firmen, in denen das »Queen Bee Syndrome« vorherrscht oder Entscheidungsträgerinnen entsprechend handeln, weniger Entwicklungsmöglichkeiten für Frauen und weniger Chancen für Verwaltungsrätinnen und Geschäftsführerinnen.

Es ist somit vonnöten, die eigene Netzwerkkompetenz zu stärken. Das bedeutet, nicht nur ein gutes Netzwerk aufzubauen, sondern es vor allen Dingen auch konsequent zu nutzen. Wenn Sie eine neue Position anstreben oder eine Idee verwirklichen möchten, machen Sie es in Ihrem gesamten Netzwerk publik, und Sie werden staunen, wie viele Mitstreiterinnen Sie finden werden.

Für Networking eignen sich in besonderer Weise soziale Netzwerke wie die Businessplattformen Xing oder LinkedIn. Um das eigene Profil ansprechend und doch authentisch zu gestalten, empfiehlt sich der Besuch eines der zahlreichen verfügbaren Onlineseminare.

15 Ausblick

Mit diesem Buch haben wir den Versuch unternommen, ein Thema anzusprechen, das unsere gesamte Gesellschaft betrifft: Frauenkarrieren. Wir wollen ein Statement setzen, das besagt, dass die Karriereverläufe von Frauen nicht allein deren Sache sind, sondern durch ihre Vorbildfunktion, ihre Vielfalt, ihre demografische Dimension und ihren Beitrag zur Wertschöpfung ein Thema aller sind. Wir haben exemplarisch anhand von unterschiedlichen Studien gezeigt, wie Frauenkarrieren in Organisationen gestaltet werden können und wie frau selbst ihr Karriere in die Hand nehmen kann.

Wir möchten abschließend den Blick in die Zukunft richten und eine Prognose wagen, wie es mit diesem Thema weitergehen wird. In einer Forschungsagenda stellen wir Themen zusammen, die uns in Zukunft noch beschäftigen werden und untersucht werden sollten.

15.1 Wie Organisationen die Karrieren von Frauen innovativer gestalten können

Die Ergebnisse unserer Untersuchungen zeigen deutlich, dass Unternehmen handeln müssen. Während dies in Bezug auf jüngere Mitarbeitende und Bewerber/-innen oft schon der Fall ist, gibt es für die Zielgruppe ab der Lebensmitte wenig bis kaum Karriereförderung in Unternehmen. Bedenkt man, dass diese Personengruppen häufig bereits sehr lange im Unternehmen sind und vielfach einen Expertstatus haben, ist es umso wichtiger, diese Beschäftigten zu halten und ihre Erfahrung und ihr Engagement anzuerkennen, anstatt in Kauf zu nehmen, sie durch (innere) Kündigung zu verlieren. Die Beweggründe der Befragten, das Unternehmen zu einem Zeitpunkt, an dem sie eine Schlüsselposition darin einnehmen, zu verlassen, sind zumeist fehlende Sinnhaftigkeit und mangelnder Gestaltungsspielraum einerseits und ihre Funktion als Kapazitätspuffer andererseits. Die betroffenen Frauen übernehmen dann Sonderfunktionen für andere, die z. B. für Weiterbildungen oder aufgrund familiärer Belange freigestellt sind. Genau in diesen beiden Punkten liegt die Ursache dafür, dass ältere (Frauen) sich damit abfinden, nur noch bedingt gefragt zu sein, dass sie aussteigen oder sich beruflich verändern. Sie könnten aber im Unternehmen mehr als nur gehalten werden, wenn man ihnen Gestaltung, Verantwortung und Sinnhaftigkeit ermöglichen und ihre Erfahrung z. B. dadurch anerkennen würde, dass man ihnen die Gelegenheit gibt, ihr Wissens als Mentorinnen weiterzugeben.

Eine zweite Erkenntnis, die die Wirtschaft berücksichtigen sollte, betrifft die Sensibilisierung für das Thema »Frauenkarrieren« an sich und die Unterbindung von Diskriminierung. Auch das unterschwellige Pflegen bzw. Nichtbekämpfen von Alters- und Genderstereotypen kann als eine Art von Diskriminierung betrachtet werden. Zu nennen sind hier die fortdauernde Duldung der Vernachlässigung von Personalentwicklung oder die unternehmensinterne sowie -externe

Kommunikation. Wie werden beispielsweise Stellenausschreibungen oder Unternehmenswebseiten bebildert? Wer wird mit New Work in Verbindung gebracht? Sehr selten sieht man hier alters- und genderdiverse Teams. Unsere Empfehlung geht sogar einen Schritt weiter: Wir empfehlen Unternehmen die aktive Nutzung von alters- und genderdiversen Darstellungen für das Employer Branding.

> »Ein Wunsch: Also, ich würde in ein Unternehmen gehen, in dem ich ein größeres Verantwortungsspektrum habe, damit es eben mehr Gestaltung gibt, und mit der Hoffnung, mehr zu gestalten, auch mehr Sinn für mich selber – und lernen, Dynamik entwickeln.«
>
> (CEO einer Klinik)

Die dritte Erkenntnis, die wir aus unserer Studie ableiten, ist, dass deutlich mehr in die Personalpolitik von Unternehmen investiert werden und somit aktiv Risikomanagement betrieben werden sollte. Das Wegbrechen von Marktanteilen und Kunden, ein Produktionsausfall aus technischen Gründen, große Investitionen in die Technisierung oder die Wahl von Unternehmensstandorten – das alles kann sehr gut in Zahlen dargestellt werden, und jedes schlechte Szenario kann schnell eine existenzielle Bedrohung für ein Unternehmen darstellen. Aber der schleichende Weggang oder die »innere Kündigung« von Schlüsselpersonen mit jahrelanger Unternehmenserfahrung können in der Regel nicht monetär beziffert werden und fallen häufig erst auf, wenn es zu spät ist. Hier liegt ein sehr großes unternehmerisches Risiko, dessen sich viele Unternehmer/-innen womöglich sogar bewusst sind, auf das sie aber nicht aktiv reagieren. Mit einer transparent kommunizierten Personalpolitik, die auch – oder vor allem – späte weibliche Karrieren fördert, kann dieses Unternehmensrisiko minimiert werden.

Wichtig ist dabei, sich des Wechselspiels zwischen Individuen und Kontext sowie der Individuen untereinander bewusst zu sein. Es gibt nicht unbedingt Opfer und Täter bei der Frage nach fehlender Chancengleichheit im Hinblick auf Karriere und Förderung. Da aktuell die »Hoheit«, Standards zu definieren, noch bei den Unternehmen liegt und Gruppen benachteiligt werden, deren Standards nicht gelten, müssen Frauen bislang immer wieder für ihre Rechte eintreten. Eingefahrene Handlungsmuster sind extrem schwierig zu durchbrechen; das verlangt immer wieder neues Engagement, und es muss an verschiedenen Punkten angesetzt werden (siehe Kap. 3).

Es sind sicher nicht die einzelnen Betroffenen, die eine so komplexe Veränderung leisten können. Im Moment sind nach wie vor allen voran CEOs und VR gefordert, die Schirmherrschaft zu übernehmen, die Richtung zu definieren und die Umsetzung anzustoßen. Das Thema muss ganzheitlich aufgegriffen und ganz oben platziert werden. Umsetzung und Wirkung müssen anhand von Zahlen, Daten und Fakten geplant bzw. nachverfolgt und immer wieder rejustiert werden. Praktisch müssen Funktionen, die bisher über das Unternehmen verteilt waren, aufeinander abgestimmt aktiviert werden. Die HR-Abteilung kann die Hoheit wieder übernehmen, muss aber relevante Funktionen wie Gleichstellungsbeauftragte, Diversity-Beauftragte usw. reintegrieren.

15.2 Warum weibliche Karriereplanung nicht nur ein Frauenthema ist

Gemäß einer groß angelegten aktuellen sozialwissenschaftlichen Langzeitstudie zu Biografien von Frauen und Männern in Deutschland haben sich die Lebensbiografien von Männern in den letzten 40 Jahren kaum geändert. Hingegen lassen sich die größten soziologischen Veränderungen in den Biografien von Frauen ausmachen, deren Bildungs- und Erwerbschancen sich in kurzer Zeit fundamental verbessert haben. Im Hinblick auf die Verwirklichung eigener Vorstellungen sind Frauen aber trotz dieser Veränderungen immer noch stärker von der Vereinbarkeitsproblematik in Bezug auf berufliche, aber auch familiäre Pläne betroffen (Parment 2009).

Verschiedene Untersuchungen belegen, dass Männer zunehmend nicht mehr auf die Rolle des Geldverdieners und Familienernährers reduziert werden wollen und sich eine partnerschaftliche Aufteilung der Erwerbs- und Familienarbeit wünschen. Eine Studie der Universität Basel zu den Vorstellungen junger Frauen und Männer im Hinblick auf ihre berufliche Zukunft zeigt, dass junge Männer als Väter mehr Zeit mit ihren Kindern verbringen möchten. Dafür würden sie gerne ihr Arbeitspensum reduzieren (Baumgarten et al. 2016). Diese Wünsche spiegelt die Realität jedoch nicht wider: Nur 17 % der Männer in der Schweiz arbeiten Teilzeit, bei den Frauen liegt der Anteil bei 58,8 %. Auch sie sehen sich in ihre Rollen gedrängt. Junge Paare wünschen sich zu Beginn ihrer Beziehung oft eine partnerschaftliche Arbeitsteilung, sobald aber Kinder da sind, übernehmen viele Paare wieder eine traditionelle Aufgabenteilung (Le Goff/Levy 2016). Dem Wunsch nach Teilzeitarbeit steht die Befürchtung der Männer entgegen, dass diese sich negativ auf ihre Karriere auswirken könnte, da im beruflichen Umfeld noch wenig Akzeptanz für Männer in Teilzeitstellen vorhanden ist.

Dabei wäre eine höhere Beteiligung von Vätern an der Familienarbeit ein wichtiger Hebel für die Förderung der Gleichstellung (Le Goff/Levy 2016). Studien aus Deutschland zeigen allerdings, dass nur wenige Männer nach dem Vaterschaftsurlaub bzw. der Elternzeit ihre Arbeitszeit dauerhaft reduzieren.

15.3 Wie Frauenkarrieren sich individuell gestalten lassen

Wir haben dargestellt, wie Frauenkarrieren individuell gestaltet werden können und welche unterstützenden Möglichkeiten es gibt, z. B. Laufbahncoaching, Mentoring, Life Design oder gruppendynamische Trainings zur Sichtbarmachung der eigenen Stärken und Persönlichkeit. Die folgenden Themen halten wir für wichtig. Deshalb möchten wir Ihnen, unseren Leserinnen und Lesern, ein paar Fragen mit auf den Weg geben, die Sie zum Reflektieren anregen sollen.

Lernprozesse
Sowohl auf der individuellen als auch auf der organisationalen Ebene lassen sich diverse Lernprozesse beobachten. Erforschen Sie in Ihrer Organisation, welche Lernprozesse stattfinden

und was diese Lernpraktiken unterstützt. Loten Sie für sich selbst aus, welche Kompetenzen Sie für Ihre Karriere nutzen können und welche Sie noch ausbauen wollen.

Orientierung und Stabilität
Bei aller Veränderung und Entwicklung ist Stabilität sehr wichtig. Wie können Sie sich unterstützen lassen, um Orientierung zu gewinnen? Wie verlaufen in den unternehmenseigenen Systemen Karriereentwicklung und persönliche Weiterbildung? Wo bieten sich Perspektiven zur Förderung der Motivation? Die Etablierung von Routinen ist hierbei entscheidend. Wie können hilfreiche Arbeitsroutinen entwickelt werden?

Aspekte von Leadership.
Entwickeln Sie Ihre eigene Self-Leadership-Strategie. Setzen Sie sich attraktive Ziele, und belohnen Sie sich, wenn Sie sie erreicht haben. Wie können Sie hierbei ihr soziales Umfeld angemessen berücksichtigen? Welche Strategien passen zu Ihnen und Ihren Zielen?

Persönliche Sinngebung
Die Sinnhaftigkeit des eigenen Handels rückt oft nicht erst ab der Lebensmitte in den Mittelpunkt des Lebens. Für viele Menschen ist Sinnhaftigkeit ein sehr großer Motivator. Worin sehen Sie den Zweck und den Sinn Ihrer beruflichen Aktivitäten? Wie können Sie Ihr Leben so gestalten, dass Sie den Sinn erleben, den Sie sich wünschen?

Transformationsprozesse
Unsere Arbeits- und Lebenswelt verändert sich fortwährend. Das ist eine Binsenweisheit. Wichtig ist jedoch, sich zu fragen: Wo will ich anknüpfen? Bei welchen Entwicklungen will ich unbedingt dabei sein und mitspielen? Was ist mir wichtig, und worauf will ich zurückgreifen, um mein Selbstwertgefühl zu stärken? Wie erhalte ich meine Anschlussfähigkeit, meine Employability?

Soziale Identitäten
Wir bewegen uns täglich in sozialen Systemen wie Vereinen, Familie, Organisationen. In welchen Sozialgemeinschaften möchten Sie sich mehr, in welchen weniger aufhalten? Wesentlich tiefgreifender sind Fragen nach der eigenen und der sozialen Identität. Wie definieren Sie sich selbst hinsichtlich ihres Berufs, und welcher beruflichen Community gehören Sie an?

15.4 Blick in die Zukunft

Neue Arbeits- und Organisationsformen sind auf dem Vormarsch und verändern das Verständnis von Karriereerfolg und -handeln. Viele Mitarbeitende gestalten ihre Stelle selbst, und auch die Art der Erwerbstätigkeit gestaltet sich zunehmend vielfältig. Dennoch bleiben Unternehmen bei der Laufbahngestaltung bislang traditionellen Mustern verhaftet. Viele Mitarbeitende schätzen dies, da sie so auf Unterstützung zählen können, während sich die anderen ihren Lebensweg selbst zurechtlegen müssen, aber auch dürfen.

15.4 Blick in die Zukunft

Die Zukunft wird zeigen, welche Karrieretypen sich im Hinblick auf eine nachhaltige Karrieregestaltung bzw. Employability, die Gesundheit, Einsatzbereitschaft, soziale Beziehungen und Kompetenzen berücksichtigt, am besten bewähren. Bei Laufbahnen, bei denen vornehmlich auf direkte Unterstützung gesetzt wird, ist es möglich, dass Menschen nach und nach die Fähigkeit zu eigenverantwortlichem Karrierehandeln verlieren. Umgekehrt gehen Menschen, die eigenverantwortlich handeln können, eigene Wege, wenn es für sie in der Organisation nicht mehr passt – unter Umständen gerade dann, wenn es für die Organisation nicht passt.

Für Organisationen stellt sich angesichts eines wachsenden Fachkräftemangels in vielen Bereichen die Frage, wie sie die Laufbahnentwicklung für *alle* Altersklassen verändern müssen, um Menschen für ein volatileres Arbeitsleben und zur Übernahme von Eigenverantwortung für ihre Karriere zu gewinnen und auf diese Weise an sich zu binden.

Anhang mit Tools

1 Screening aus der Perspektive einer Organisation (Auszug)

Karriere- und Laufbahnentwicklung: Politik, Philosophie, Kultur, Planung, Umsetzung, Bewertung

1 = trifft gar nicht zu, 6 = trifft voll zu	Generell Ist (1–6)	Frauen 45+ Ist (1–6)	Wunsch nach Veränderung
Politik, Philosophie, Kultur			
Transparente Orientierung			
…			
Ziele, Leitbild und Verständnis der Entwicklung/Förderung von »Karriere« bzw. Laufbahn existieren und sind schriftlich dokumentiert.			
…			
…			
Vielfalt von Laufbahnmöglichkeiten			
Im Rahmen der Karriere- und Laufbahnentwicklung ist die Förderung einer Vielzahl möglicher Verläufe (Fach-, Führungs-, Projekt- und flexibler Karrieren) vorgesehen.			
Personen, die selbstverantwortliches Verhalten in der eigenen Karriere- und Laufbahnentwicklung zeigen, erhalten genau so viel beratende und aktive Unterstützung wie Personen, die traditionelle Laufbahnen verfolgen.			
Fach-, Führungs-, Projekt- und flexible Karrieren und Laufbahnen sind in Bezug auf ihre Wertschätzung gleichgestellt und vergleichbar mit Einfluss (Macht) ausgestattet.			
…			
Gleichberechtigte Förderung			
Chancengleichheit bzw. Diversität ist ein ausdrückliches, dokumentiertes Ziel der Karriere- und Laufbahnentwicklung.			
…			
Es wird aktiv darauf geachtet, dass Männer und Frauen, Ältere und Jüngere gleichermaßen aussichtsreiche Funktionen bekleiden.			
…			

1 Screening aus der Perspektive einer Organisation (Auszug)

1 = trifft gar nicht zu, 6 = trifft voll zu	Generell Ist (1–6)	Frauen 45+ Ist (1–6)	Wunsch nach Veränderung
Planung und Prozesse			
Orientierung an der Strategie und Personalbedarfsplanung			
Es ist eine mittelfristige Personalbedarfsplanung vorhanden.			
…			
…			
…			
Kompetenzorientierung			
…			
…			
Es gibt im Unternehmen Funktionen, die hinsichtlich der Laufbahnentwicklung leicht in eine Sackgasse münden können und in denen Frauen und Ältere überrepräsentiert sind.			
…			
Organisation und Beteiligte			
Rollenklarheit			
…			
…			
Die Betroffenen werden in die Planung ihrer eigenen Karriere frühzeitig mit einbezogen.			
Die Selbstverantwortung für die eigene Karriere- und Laufbahnentwicklung wird gefördert und gefordert.			
Know-how in Bezug auf die Karriereförderung			
Die Führungskräfte sind im Hinblick auf Karriere- und Laufbahnentwicklung im Unternehmen geschult.			
…			
Führende Frauen verfügen im Unternehmen über die gleichen (guten) Möglichkeiten, ihre Mitarbeitenden zu fördern, wie führende Männer.			
…			
Diskriminierungsfreiheit			
Es werden aktiv Maßnahmen zur Förderung von Chancengleichheit bzw. Diversität (Alter und Geschlecht) ergriffen.			

1 Screening aus der Perspektive einer Organisation (Auszug)

1 = trifft gar nicht zu, 6 = trifft voll zu	Generell Ist (1–6)	Frauen 45+ Ist (1–6)	Wunsch nach Veränderung
Bei Personen, die in Förderentscheidungen involviert sind, existiert ein Bewusstsein über Formen der strukturellen sowie direkten Gender- und Altersdiskriminierung (Prototypen von Führung, Förderung von Teilzeitarbeitnehmenden, jugendorientierter Diskurs …).			
…			
Es gibt Anzeichen dafür, dass sich Frauen und/oder ältere Personen im Hinblick auf ihre Weiterentwicklungschancen selbst diskriminieren.			
Vermeidung von Stereotypen/Stigmatisierung			
Es wurden/werden Maßnahmen zur Sensibilisierung von Führungskräften im Hinblick auf gender- und altersbezogene stereotype Vorstellungen von Männern und Frauen ergriffen.			
…			
…			
Die Leistungen aller Mitarbeitenden werden regelmäßig bewertet, und es ist gewährleistet, dass sie frei von gender- und altersbezogenen Verzerrungen sind.			
Evaluation der Ergebnisse			
Verfolgung des Ziels Karriere- und Laufbahnentwicklung			
…			
…			
Die Zufriedenheit mit der Laufbahn- und Karriereentwicklung wird regelmäßig ab- und hinterfragt.			
…			
Verfolgung des Ziels Chancengleichheit			
Die Chancengleichheit bzw. Diversität in Karriere- und Laufbahnentwicklung werden regelmäßig bewertet; falls nötig, werden Veränderungen eingeleitet.			
Das Unternehmen weist eine durchgängige Führungspipeline auf – sowohl bei Männern als auch bei Frauen.			
…			
…			

Tab 16.1: Screening (Auszug) aus der Perspektive einer Organisation

1 Screening aus der Perspektive einer Organisation (Auszug)

Konkreter Maßnahmenbedarf

- Welche Maßnahmen sollten für die Förderung von Frauen noch ergriffen werden (Art der Karriereschritte, Stereotype …)?
- Welche Maßnahmen sollten noch ergriffen werden, um den Besonderheiten älterer Mitarbeitender gerecht zu werden?
- Bei welchen der nachfolgend genannten Themen sehen Sie für Ihre Organisation Entwicklungsbedarf?

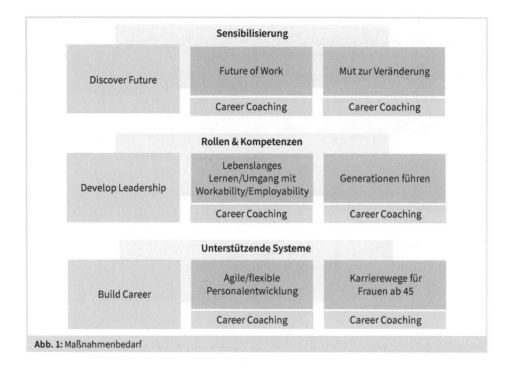

Abb. 1: Maßnahmenbedarf

2 Exemplarische Fragen für qualitative Interviews

Fragebogen zur Besetzung von Topmanagement-Funktionen – Fragen an die Rekrutierenden (Auszug)

Bitte beschreiben Sie Ihre Funktion im Zusammenhang mit der Vergabe von Aufsichtsrats- und Geschäftsleitungsmandaten.

Besetzungsprozess und Beschaffung von Kandidat/-innen für Verwaltungsrat und Geschäftsleitung mittelgroßer Unternehmen (MU):
- Wie verläuft der Besetzungsprozess?
- Über welche Kanäle machen Sie Kandidat/-innen ausfindig?
- Haben MU und GU unterschiedliche Anforderungen an Kandidat/-innen? Falls ja, welche?
- Wie stark bemühen sich MU darum, Vakanzen mit Frauen zu besetzen?
- Welche Kompetenzen und Eigenschaften sind für ein Mandat besonders wichtig und warum?
- Bringen Frauen diese Kompetenzen mit?
- Sind »Typen« von Frauen erkennbar, die Mandate anstreben? Falls ja, welche?

Netzwerke als Erfolgsfaktor:
- Wer darf im persönlichen Netzwerk nicht fehlen, wer sollte es ergänzen?
- Wie gut sind Frauen im Hinblick auf ihre Netzwerke aufgestellt?

3 Fragebogen zur Typenerhebung

Fragebogen zur Einschätzung des eigenen Karrieretyps (Auszug) (Olbert-Bock et al. 2017)

Bitte lesen Sie sich die folgenden Seiten in Ruhe durch, und entscheiden Sie jeweils, inwieweit die Aussagen auf Sie zutreffen. Wählen Sie dabei jeweils eine der folgenden Antwortkategorien:

1	2	3	4	5
trifft gar nicht zu	trifft eher nicht zu	weder noch	trifft eher zu	trifft voll und ganz zu
- -	-	+/-	+	+ +

Nehmen Sie sich bitte einen Moment Zeit, und überlegen Sie: Was fällt Ihnen zu folgendem Satzanfang ein?

»Karriere heißt für mich ...«

Vervollständigen Sie den Satz bitte mit ein paar kurzen Sätzen:

....

....

....

Welche Vorstellung haben Sie von Ihrem Leben – beruflich wie privat? Was hat Sie besonders geprägt?		1 - -	2 -	3 +/-	4 +	5 + +
1.	Die Entwicklung meiner beruflichen/privaten Orientierung wurde sehr durch ein persönliches Erlebnis geprägt.					
2.	Ich habe seit meiner Kindheit eine klare Zielvorstellung im Hinblick auf mein Leben und meine berufliche Entwicklung.					
3.	Berufliche Sicherheit ist für mich wichtiger als berufliche Entfaltungsmöglichkeit.					
4.	Ich kann mich schon seit Langem mit der Lebensweise eines Familienangehörigen/einer mir nahestehenden Person identifizieren und möchte gerne so werden wie er/sie.					
5.	Stabilität durch Freunde und Familie ist mir wichtig.					

Wie gehen Sie vor, wenn Sie eine konkrete Entscheidung fällen müssen?	1 --	2 -	3 +/-	4 +	5 ++
16.	Wenn ich eine Entscheidung treffe, dann häufig »aus dem Bauch heraus«.					
17.	Bevor ich mich entscheide, analysiere ich die verschiedenen Möglichkeiten im Hinblick auf mein Ziel gründlich.					
18.	Ich überlege nicht allzu lange und entscheide mich häufig in Abhängigkeit von der Situation, in der ich mich befinde.					
19.	Bei Entscheidungen nehme ich kein großes Risiko in Kauf.					
20.	Ich folge meinen Vorstellungen.					

Was war und ist entscheidend für die Ihren Werdegang?	1 --	2 -	3 +/-	4 +	5 ++
31.	Für mich stimmt mein Leben, wenn es für mich persönlich Sinn ergibt.					
32.	Ich bin mir häufig unsicher, wie ich auf andere Menschen wirke.					
33.	Auch anstrengende und komplizierte Aufgaben kann ich in der Regel gut lösen.					
34.	Ich habe ein Vorbild, an dem ich mich orientiere.					
36.	Ich schlage nur ungern neue Wege ein, da ich nicht weiß, wohin sie führen.					

Was meinen Sie: Wer oder was bestimmt Ihren beruflichen wie privaten Lebensweg?	1 --	2 -	3 +/-	4 +	5 ++
46.	Ich bestimme mein Leben selbst.					
47.	Mir ist es wichtig, was andere Menschen über mich denken.					
48.	Ich habe mein Leben ganz gut im Griff.					
49.	Mein Leben entwickelt sich von ganz alleine, da brauche ich nicht allzu viel planen.					
50.	Mir ist es wichtig und es motiviert mich, wenn ich meine Werte leben kann.					

4 Fragebogen zur Lebensgestaltung

Bitte beantworten Sie die Fragen zur Lebensgestaltung (Olbert-Bock et al. 2017) spontan und ohne langes Nachdenken. Es geht nur um eine Momentaufnahme.

1. Wie schätzen Sie die Wichtigkeit der folgenden Aspekte für sich selbst und Ihre künftige Arbeitsstelle ein? Welche drei Aspekte sind Ihnen am wichtigsten?
    - ☐ Arbeitsklima
    - ☐ Führungsverantwortung
    - ☐ sinnstiftende Arbeit
    - ☐ Lohn
    - ☐ Anerkennung
    - ☐ Teilzeitanstellung
    - ☐ Wertschätzung
    - ☐ Weiterentwicklung
    - ☐ Selbstbestimmung
    - ☐ Werthaltung

2. Stellen Sie sich vor, Ihr Partner/Ihre Partnerin bekäme ein attraktives Jobangebot im Ausland. Was würde das für Ihre persönliche berufliche Laufbahn bedeuten? Wie würden Sie damit umgehen?

   ....

   ....

   ....

3. Wie stellen Sie sich Ihre weitere berufliche und private Zukunft vor? Kommen in Ihren Vorstellungen/Wünschen Kinder vor? Wie sieht dann Ihre Planung aus?

   ....

   ....

   ....

4 Fragebogen zur Lebensgestaltung

4. Wie wichtig ist Ihnen das Thema »Vereinbarkeit von Arbeit und Partnerschaft, Familie bzw. Freizeit«?

Sehr wichtig				Gar nicht wichtig
1	2	3	4	5

5. Wie wichtig sind Ihnen folgende Aspekte? Bitte kreuzen Sie 2–3 Aspekte an, auf die Sie Wert legen.
   ☐ Partnerschaftliche Rollenverteilung
   ☐ Home Office
   ☐ Flexible Arbeitszeiten
   ☐ Familienfreundliche Arbeitsbedingungen
   ☐ Führungsposition in Teilzeitanstellung
   ☐ Anderes:
   ☐ Nichts von allem

Literaturverzeichnis

Aebi, D. (2017): Kompetente Frauen in die Verwaltungsräte! https://www.nzz.ch/meinung/kolumnen/kompetente-frauen-in-die-verwaltungsraete-ld.1317919 (Abrufdatum: 24.08.2018).

Adams, R. B. (2016): Women on boards: The superheroes of tomorrow? In: The Leadership Quarterly, 27, 3, S. 371–386.

Alvadarado, N./de Fuentes, P./Laffaraga J. (2017): Does Board Gender Diversity Influence Financial Performance? Evidence from Spain. In: Online Journal of Business Ethics S. 337–350.

Amstutz, N./Nussbaumer, M./Vöhringer, H. (2020): Disciplined discourses: The logic of appropriateness in discourses on organizational gender equality policies. In: Gender Work Organ, 2021, 28, S. 215–230.

Arnold, J./Cohen, L. (2008): The psychology of careers in industrial-organizational settings: a critical but appreciative analysis. In: International Review of Industrial-Organizational Psychology, 23, S. 1–44.

Arthur, M. B./Rousseau, D. M. (1996): The boundaryless career: a new employment principle for a new organizational era. Oxford.

Avolio, B. J./Gardner, W. L. (2005): Authentic leadership development: Getting to the root of positive forms of leadership. In: The Leadership Quarterly, 16 (3), S. 315–338.

Bardasi, E./Jenkins, S. (2002): Income in later life: Work history matters. Bristol.

Bauer, A./Fröse, M. (2015): Verborgene Regeln und Barrieren in Organisationen. Aspekte habitusorientierter Beratung für hoch qualifizierte Führungsfrauen. In: Fröse, M./Kaudela-Baum, S./Dievernich, F. E. P. (Hrsg.): Intuitionen und Emotionen in Organisationen und Management. Wiesbaden.

Baumgarten, D./Wehner, N./Maihofer, A./Schwiter, K. (2016): »Wenn Vater, dann will ich Teilzeit arbeiten«: Die Verknüpfungen von Berufs- und Familienvorstellungen bei 30-jährigen Männern aus der deutschsprachigen Schweiz. In: GENDER, Sonderheft 4.

Becker, F. (2019): Mitarbeiter wirksam motivieren: Mitarbeitermotivation mit der Macht der Psychologie. Berlin/Heidelberg. https://doi.org/10.1007/978-3-662-57838-4.

Becker, M. (1999): Personalentwicklung: Bildung, Förderung und Organisationsentwicklung in Theorie und Praxis. 2. Aufl., Stuttgart.

Ben-Amar, W./Chang, M./McIlkenny, P. (2017): Board gender diversity and corporate response to sustainability initiatives: evidence from the Carbon Disclosure Project. In: Online Journal of Business Ethics, 142(2), S. 369–383.

Bergler, D. (2015): Spitzenfrauen. Frauen dürfen nicht abwarten, bis sie gefunden werden. http://derarbeitsmarkt.ch/de/print-artikel/Frauen-duerfen-nicht-abwarten-bis-sie-gefunden-werden (Stand: 24.08.2018).

BFS (2019): Unterbeschäftigte und Unterbeschäftigungsquoten. Unterbeschäftigte und Unterbeschäftigungsquoten – 2004-2020 | Tabelle | Bundesamt für Statistik (admin.ch) (Stand: 9.5.2022).

Bischof, N. (2017): Wie werde ich glücklich im Beruf? Visualisierungstechniken im Karrierecoaching. In: Praxis Kommunikation, 2, 2017.

Bischof, N. (2019): Self-Leadership in selbstorganisierten Systemen am Beispiel Holacracy. In: Negri, C. (Hrsg.): Führen in der Arbeitswelt 4.0. Berlin/Heidelberg, S. 63–72.

Bischof, N. (2020): Women's Careers – wie macht frau Karriere? In: Leader, das Ostschweizer Wirtschaftsportal. https://www.leaderdigital.ch/news/womens-careers-wie-macht-frau-karriere-4182.html.

Bischof, N./Olbert-Bock, S./Redzepi, A. (2020): Späte Frauenkarrieren mit Transition. In: Olbert-Bock, S./Cloots, A./Graf, U. (Hrsg.): Innovation im HR und Career Development von Frauen 45+. Unternehmensprozesse und Fördermassnahmen. St. Gallen.

Bischof, N./Redzepi, A./Olbert-Bock, S. (2021a): Weibliche Karrieren und innovative Personalentwicklung. In: Der Organisator.

Bischof, N./Olbert-Bock, S./Redzepi, A. (2021b): Career Development für Frauen 45+. In: Austrian Management Review, 11, S. 124–131.

Bischof, N./Olbert-Bock, S./Toscano, R. (2022): Stille Post – Frauen im Top-Level von Schweizer Unternehmen – eine Analyse des Besetzungsprozesses für Verwaltungsratsmandate. In: Zfo Zeitschrift für Führung und Organisation, 2, S. 90–97.

Bourdieu, P. (1985): Sozialer Raum und »Klassen«. Zwei Vorlesungen. Frankfurt a. M.

Braunstein-Bercoviz, H./Lipshits-Braziler, Y. (2017): Career-planning beliefs as predictors of intentions to seek career counseling. In: Journal of Career Assessment, 25 (2), S. 352–368.

Briscoe, J. P./Hall, D. T./Frautschy DeMuth, R. L. (2006): Protean and boundaryless careers: an empirical exploration. In: Journal of Vocational Behavior, 69 (1), S. 30–47.

Brown, D./Brooks, L. (1990): Introduction to career development. In: D. Brown/L. Brooks (Hrsg.): Career choice and development: Applying contemporary theories to practice. 2. Aufl., San Francisco, S. 1–12.

Bujold, C. (2004): Constructing career through narrative. In: Journal of Vocational Behavior, 64, S. 470–484.

Chudzikowski, K. (2008): Karrieretransitionen von Absolventinnen und Absolventen der Wirtschaftsuniversität Wien. In: Kasper, H./ Mühlbacher, J. (Hsrg.): Wettbewerbsvorteile durch organisationales und individuelles Kompetenzmanagement. Wien, S. 87–104

Cochran, L. (1997): Career counselling: A narrative approach. Thousand Oaks.

Colakoglu, S. N. (2011): The impact of career boundarylessness on subjective career success: The role of career competencies, career autonomy, and career insecurity. In: Journal of Vocational Behavior 79, S. 47–59.

Comi, A./Bischof, N./Eppler, M. J. (2014): Beyond projection: using visualization in conducting interviews. In: Qualitative Research in Organization and Management, 2, S. 110–133.

Cornils, D./Mucha, A./Rastetter, D. (2014): Mikropolitisches Kompetenzmodell. In: Organisationsberatung, Supervision, Coaching, 21 (1), S. 3–19.

Danusien, B. (2006): Machen Frauen Karriere? Gedanken zum Diskurs über Geschlecht, Beruf und »Work-Life-Balance«. In: Schlüter, A. (Hrsg): Bildungs- und Karrierewege von Frauen. Wissen – Erfahrung – biographisches Lernen. In: Frauen- und Geschlechterforschung, 2, S. 54–74.

Darouei, M./Pluut, H. (2018): The paradox of being on the class cliff: why do women accept risky leadership positions? In: Career Development International 23, S. 397–426.

De Fillippi, R./ Arthur, M.vB. (1996): Boundaryless contexts and careers: a competency-based perspective. In: Arthur, M. B./ Rousseau, D. M. (Hrsg.): Boundaryless Career: a new employment principle for a new organizational era. Oxford, S. 116–131.

Derks, B./Van Laar, C./Ellemers, N. (2016): The queen bee phenomenon: Why women leaders distance themselves from junior women. In: The Leadership Quarterly, 27 (3), S. 456–469.

De Vos, A./Cambré, B. (2017): Career management in high-performing organizations: a set-theoretic approach. In: Human Resource Management, 56 (3), S. 501–518.

De Vos, A./Meganck, A. (2008): What HR managers do versus what employees value. In: Personnel Review, 38, S 45–61.

Die Zeit (2012): Weiblich, gebildet, partnerlos. Interview mit dem Soziologen Hans-Peter Blossfeld über das nationale Bildungspanel. Eine Langzeitstudie in Deutschland zu Lebensläufen von Männern und Frauen mit rund 100.000 Teilnehmern und Teilnehmerinnen. http://www.zeit.de/2012/33/C-Beziehung-Frauen-Maenner (Abrufdatum: 12.9.2012).

Domke, U./Granica, M. (2019): Mutig führen. Wie sie in Ihrem Unternehmen die Lust auf Verantwortung wecken. Stuttgart.

Eby, L./Butts, T./Kockwood, A. (2003): Predictors of success in the era of the boundaryless career. In: Journal of Organizational Behavior, 24 (6), S. 689–707.

Eckardstein, D. (1971): Laufbahnplanung für Führungskräfte. Berlin.

Eisler, R. (2020): Die verkannten Grundlagen der Ökonomie. Marburg.

Ellemers, N./Van den Heuvel, H./De Gilder, D./Maass, A./Bonvini, A. (2004): The underrepresentation of women in science: differential commitment or the queen bee syndrome? In: British Journal of Social Psychology, 43 (3), S. 315–338.

Erfurt-Sandhu, P. (2014): Selektionspfade im Topmanagement: Homogenisierungsprozesse in Organisationen. Berlin/Heidelberg.

Flynn, M. (2008): Who would delay retirement? Typologies of older workers. In: Personnel Review 39, S. 308–324.

Forrier, A./Sels, L./Verbruggen, M. (2005): Career counseling in the New Career Era: a study about the influence of career types, career satisfaction and career management on the need for career counseling. https://ssrn.com/abstract=878279 or http://dx.doi.org/10.2139/ssrn.878279.

Francoeur, C./Labelle, R./Balti, S./El Bouzaidi, S. (2017): To what extent do gender diverse boards enhance corporate social performance? In: Online Journal of Business Ethics, 155(2), S. 343–357.

Freiling, T./Conrads, R./Müller-Osten, A./Porath, J. (Hrsg.) (2020): Zukünftige Arbeitswelten: Facetten guter Arbeit, beruflicher Qualifizierung und sozialer Sicherung. Berlin/Heidelberg. https://doi.org/10.1007/978-3-658-28263-9.

Furtner, M./Baldegger, U. (2016): Self-Leadership und Führung. Theorien, Modelle und praktische Umsetzung. Berlin/Heidelberg.

Genner S./Probst L./Huber R./Werkmann-Karcher B./Gundrum E./Majkovic A. L. (2017): IAP Studie 2017. Der Mensch in der Arbeitswelt 4.0. Zürich.

Gerber, M./Wittekind, A./Grote, G./Staffelbach, B. (2009): Exploring types of career orientation: A latent class analysis approach. In: Journal of Vocational Behavior, 75, S. 303–318.

Gibson, D. E./Cordova, D. I. (1999): Women's and men's role models: The importance of exemplars. In: Murress, A. J./Crosby, F. J./Ely, R. J. (Hrsg.): Mentoring dilemmas. Mahwah/New York, S. 121–142.

Goebel, G. (1997): Kinder oder Karriere? Lebensentwürfe junger Akademikerinnen und ihre persönlichen Netzwerke. Frankfurt a. M./New York.

Grossholz, M./Richter, K./Voigt, B. F./Wagner, D./Schmicker, S. (2012): Richtig flexibel – Anforderungen an innovative Personaleinsatzstrategien in KMU. In: Personal Quaterly, 2012, 1, S. 6–13.

Gubler, M. (2011): Protean and boundaryless career orientations. Diss. Loughborough University.

Gubler, M. (2014): Individualisierte Personalentwicklung als Chance. http://www.hrtoday.ch/de/article/individualisierte-personalentwicklung-als-chance (Abrufdatum: 5.5.2022).

Gunz, H./Evans, M./Jalland, M. (2000): Career boundaries in a »boundaryless« world. In: Peiperl, M./Arthur, R./Goffee, R./Morris, T. (Hrsg.): Career frontiers: new conceptions of working lives. Oxford.

Gurtner, A. (2021): Diversity & Inclusion nachhaltig in Unternehmen und Organisationen verankern: Faktoren einer offenen und inklusiven Unternehmenskultur für homosexuelle Mitarbeitende. In: Zeitschrift für Diversitätsforschung und -management, 6 (2), S. 169–183. https://www.budrich-journals.de/index.php/zdfm/article/view/38222 (Abrufdatum: 12.2.2022).

Hambrick, D. C./Geletkanycz, M. A./Frederickson, J. W. (1993): Top executive commitment to the status quo: some tests of determinants. In: Strategic Management Journal, 14 (6), S. 401–418.

Henn, M. (2008): Kunst des Aufstiegs. Was Frauen in Führungspositionen kennzeichnet. Frankfurt a. M.

Hermann, A. (2004): Karrieremuster im Management. Pierre Bourdieus Sozialtheorie als Ausgangspunkt für eine genderspezifische Betrachtung. Wiesbaden.

Hille, A./Roos, B./Seiler Zimmermann, Y./Wanzenried, G. (2019a): Generationenmanagement Studie, Teil 1 – KMU. Luzern.

Hille, A./Roos, B./Seiler Zimmermann, Y./Wanzenried, G. (2019b): Generationenmanagement Studie, Teil 2 – Grossunternehmen. Luzern.

Hirschi, A. (2011): Wirksames Karriere-Coaching: Ein Grundlagenmodell. In: Organisationsberatung Supervision Coaching, 18, S. 301–315.

Hofert, S. (2016): Was sind meine Stärken? Offenbach a. M.

ILO (2019): Women in business and management. The business case for change. https://www.ilo.org/wcmsp5/groups/public/---dgreports/---dcomm/---publ/documents/publication/wcms_700953.pdf (Abrufdatum: 02.03.2021).

Jensen, P. H. (2020): Nationale Politiken zur Verlängerung der Lebensarbeitszeit und Auswirkungen auf soziale Ungleichheit. In: Naegele, G. (Hrsg.): Alte und neue soziale Ungleichheiten bei Berufsaufgabe und Rentenübergang. Wiesbaden, S. 63–68.

Jochmann, W. (2012): Talentmanagement reloaded. In: Personalwirtschaft extra, 12, 2011, S. 28–30.

Kattenbach, R./Lücke, J./Schlese, M./Schramm, F. (2011): Same but Different: Changing Career Expectations in Germany? In: Zeitschrift für Personalforschung, 25, S. 292–312.

Kauffeld, S. (Hrsg.) (2019): Arbeits-, Organisations- und Personalpsychologie für Bachelor. Berlin/Heidelberg. https://doi.org/10.1007/978-3-662-56013-6.

Kernbach, S./Eppler, M. (2020): Life-Design. Stuttgart.

Klink, T. (2013): Coaching bei Laufbahnfragen. In: Lippmann, E. (Hrsg.): Coaching. Angewandte Psychologie für die Beratungspraxis. Berlin/Heidelberg, S. 281–293.

Knispel, J./Wittneben, L./Slavchova, V./Arling, V. (2021): Skala zur Messung der beruflichen Selbstwirksamkeitserwartung (BSW-5-Rev). Zusammenstellung sozialwissenschaftlicher Items und Skalen (ZIS). https://doi.org/10.6102/ZIS303.

Kricheldorff, C./Schramkowski, B. (2015): Mehr Geschlechtergerechtigkeit bei der Besetzung von Führungspositionen. In: Sozial Extra, 39 (1), S. 6–9.

Kuijpers, M./Meijers, F./Gundy, C. (2011): The relationship between learning environment and career competencies of students in vocational education. In: Journal of Vocational Behavior, 78, S. 21–30.

Kuijpers, M./Scheerens, J. (2006): Career competencies for modern career. In: Journal of Career Development, 32 (4), S. 303–319.

Laloux, F. (2014): Reinventing organizations: a guide to creating organizations inspired by the next stage in human consciousness: Millis, MA.

Lammers, B. (2018): Diversity im Topmanagement. In: Zfo, 4, S. 225–232.

Le Goff, J.-M./Levy, R. (2016): Devenir parents, devenir inégaux. Transition à la parentalité et inégalités de genre. Zürich.

Lips-Wiersma, J./McMorland, J. (2006): Finding meaning and purpose in boundaryless careers: a framework for study and practice. In: Journal of Humanistic Psychology, 46, S. 147–167.

Lutz, B. (2018): Frauen in Führung. Berlin/Heidelberg.

Manz, C. C./Sims, H. P. (1987): Leading workers to lead themselves: the external leadership of self-managing work teams. In: Administrative Science Quarterly, S. 106-129.

Mayrhofer, W./Meyer, M./Steyer, J./Iellatchitch, A./Schiffinger, M./Strunk, G./Erten-Buch, C./Hermann, A./Mattl, C. (2002): Einmal gut, immer gut? Einflussfaktoren auf Karrieren in ›neuen‹ Karrierefeldern. In: Zeitschrift für Personalforschung, 16 (3), S. 392–415.

Mayrhofer, W./ Steyrer, J./Meyer, M./Strunk, G./Schiffinger, M./Iellatchitch, A. (2005): Graduates' career aspirations and individual characteristics. In: Human Resource Management Journal, 15 (1), S. 38–56.

Mohr, T. S. (2014): Why women don't apply for jobs unless they're 100 % qualified. In: Harvard Business Review, 25, S. 40–45.

Nabi, G. R. (2000): Motivational attributes and organizational experiences as predictors of career-enhancing strategies. In: Career Development International, 5 (2), S. 91–98.

Naegele, G. (2020): Social inequalities in extending working lives – EXTEND's conceptual framework. In: Naegele, G. (Hrsg.): Alte und neue soziale Ungleichheiten bei Berufsaufgabe und Rentenübergang. Wiesbaden, S. 17–62.

Nota, L./Rossier, J. (Hrsg.) (2015): Handbook of life design: from practice to theory and from theory to practice. Göttingen.

OECD (2016): Improving women's access to leadership. Background report. http://www.oecd.org/corporate/oecd-conference-women-leadership.htm (Abrufdatum: 27.08.2018).

Olbert-Bock, S./Bischof, N./Toscano R./Oberholzer, B. (2020): Frauen in VR und GL mittelgrosser Unternehmen: Eine nachhaltige Förderung. Unveröffentlichter Projektbericht, FHS St.Gallen. St.Gallen.

Olbert-Bock, S./Graf, A./Beganovic, N./Dornemann, S./Zölch, M./Giermindl, L./Diezi, J. (2021): Late Careers – proaktive Gestaltung und Entwicklung von Laufbahnen in Organisationen. Herausforderungen und praktische Ansätze zur Gestaltung von Laufbahnen 50+. Goldach.

Olbert-Bock, S./Mannsky, A./Martin, R. (2014): Karrierekonzepte: Eine Typisierung individuellen Karrieredenkens und -handelns. In: Zeitschrift für Personalforschung, 28 (4), S. 432–451.

Olbert-Bock, S./Oberholzer, B. (2022): Bericht Unternehmensbefragung. Quantitative Befragung von CEOs, Verwältungsrät*innen, VRPs und Firmeneigentümern zur Besetzungspraxis von Verwaltungsratsmandaten. Unveröffentlichtes Manuskript. St.Gallen.

Olbert-Bock, S./Pauli, J./Redzepi, A. (2016): Leadership und HR Management im digitalen Wandel. Industrie 4.0, Teil 1 & 2. In: KMU-Magazin, 7/8, S. 9.

Olbert-Bock, S./Redzepi, A. (2018): Digitalisierung und ihre Bedeutung für Arbeit und Personalpolitik. In: Köhler, C./Olbert-Bock, S./Strittmatter, M. (2018): Grünbuch Digitale Agenda Bodensee – Eine Bestandsaufnahme zum Potenzial der Digitalisierung innerhalb KMU in der Bodenseeregion. Konstanz, S. 22–33.

Olbert-Bock, S./Redzepi, A. (2021): Digital kompetent – Technologien im Licht von CDR. In: Nehring, R. (Hrsg.): Ausblicke auf das Büro 2030, Bd. 2. Berlin, S. 45–49.

Olbert-Bock, S./Schmid, G./Graf, U./Meier, K./Moser, C./Renz, A./Carlos, S. (2017): Karriereberatung für Frauen und Männer: Typen- und geschlechtsspezifische Angebote am Berufseinstieg. St.Gallen.

Olbert-Bock, S./Wigger, A./Graf, U./Roger, M./Schöne, M. (2012): Handbuch Karrierekonzeption. Unveröffentlicher Projektbericht, FHS St.Gallen. St.Gallen.

O'Neil, D. A./Brooks, M. E./Hopkins, M. M. (2018): Women's roles in women's career advancement. In: Career Development International, 23, S. 327–344.

Onnela, J. P./Waber, B./Pentland, A./Schnorf, S./Lazer, D. (2014): Using sociometers to quantify social interaction patterns. In: scientific reports, 4, 5604. https://doi.org/10.1038/srep05604.

Parment, A. (2009): Die Generation Y – Mitarbeiter der Zukunft. Wiesbaden.

Petersen, L.-E./Stahlberg, D./Frey, D. (2006): Das Selbstwertgefühl. In: Frey, D./Bierhoff, W. (Hrsg.): Handbuch Sozialpsychologie und Kommunikationspsychologie. Göttingen, S. 40–48.

Powell, G. N./Butterfield, D. A. (1994): Investigating the »glass ceiling« phenomenon: an empirical study of actual promotions to top management. In: Academy of Management Journal, 37, S. 68–86.

Reckwitz, A. (2008): Grundelemente einer Theorie sozialer Praktiken. In: Ders.: Unscharfe Grenzen. Perspektiven der Kultursoziologie. Bielefeld, S. 97–130.

Redzepi, A./Olbert-Bock, S./Berendes, K. (2018): Future Workforce Challenges: Digitalisierung und demografischer Wandel. In: KMU-Magazin 6/7, S. 86–90.

Rehfuss, M. C./Cosio, S./Del Corso, J. (2011): Counselors' perspectives on using the career style interview with clients. In: The Career Development Quarterly, 59 (3), S. 208–218.

Riedl, J./Wengler, S. (2021): Coronafolgen im Personalmanagement. Hof.

Rinne, U./Bonin, H. (2021): Arbeitssituation und Belastungsempfinden im Kontext der Corona-Pandemie im Mai 2021. Forschungsinstitut zur Zukunft der Arbeit GmbH (IZA).

Rioult, C. (2016): Gender Diversity in der Unternehmensführung. Zürich.

Rudolph, C. W./Rauvola, R. S./Costanza, D. P./Zacher, H. (2012): Generations and generational differences: debunking myths in organizational science and practice and paving new paths forward. In: Journal of Business and Psychology, 2021, 36, S. 945–967.

Sauter, R./Sauter, W./Wolfig, R. (2018): Agile Werte- und Kompetenzentwicklung: Wege in eine neue Arbeitswelt. Berlin/Heidelberg.

Savickas, M. L./Nota, L./Rossier, J./Dauwalder, J. P./Duarte, M./Guichard, J./Soresi, S./Esbroeck, R./van Vianen, A. (2009): Life designing: a paradigm for career construction in the 21st century. In: Journal of Vocational Behavior, 75, S. 239–250.

Scharma, O. (2019): Essentials der Theorie U: Grundprinzipien und Anwendungen. Heidelberg.

Schein, E. H. (2006): Career anchors. In: Greenhaus, J. H. /Callanan, G. A. (Hrsg.): Encyclopedia of career development, vol.1. Thousand Oaks, S. 63–69.

Schiekiera, K. (2011): Elf goldene Regeln, um Karriere zu machen. In: Die Welt (Wirtschaftsteil), 5.1.2011. https://www.welt.de/wirtschaft/karriere/tipps/article11949248/Elf-goldene-Regeln-um-Karriere-zu-machen.html (Abrufdatum: 12.2.2022).

schillingreport (2019): Transparenz an der Spitze. Die Führungsgremien der Schweizer Wirtschaft und des öffentlichen Sektors. Guido Schilling AG

Schiml, N. (2013): Die Rolle von Flexibilitätsanforderungen und beruflicher Selbstwirksamkeit für das Befinden von Beschäftigten. Freiburg i.Br. (Dissertation).

Scholl, A./Sassenberg, K./Zapf, B./Pummerer, L. (2020): Out of sight, out of mind: power-holders feel responsible when anticipating face-to-face, but not digital contact with others. In: Computers in Human Behavior, 112, 106472. https://dx.doi.org/10.1016/j.chb.2020.106472.

Schuhmacher, F./Geschwill, R. (2009): Employer Branding – Human Resources Management für die Unternehmensführung. Wiesbaden.

Schulz von Thun, F. (2006): Miteinander reden: 3: Das »Innere« Team und situationsgerechte Kommunikation, 16. Aufl., Reinbek.

Schwarz, G. (2007): Die »Heilige Ordnung« der Männer. Hierarchie, Gruppendynamik und die neue Rolle der Frauen. 5. Auf. Wiesbaden.

Sennett, R. (1998): The corrosion of character: the personal consequences of work in the new capitalism. London.

Singh, R./Ragins, B. R./Tharenou, P. (2009): What matters most? The relative importance of mentoring and career capital in career success. In: Journal of Vocational Behaviour, 75, S. 56–67.

Stiehler, S./Graf, U./Bronner, K. (2013): Der Beitrag der Eltern zur »geschlechtsuntypischen« Berufs- und Studienwahl der Kinder im Hinblick auf ihre Praxis der Vereinbarkeit von Familie und Beruf. Abschlussbericht des BBT/SBFI-Forschungsprojekts Nr. 206/11. https://www.fhsg.ch/fhs.nsf/de/chancengleichheit-projekte-geschlechtsuntypische-berufswahl (Abrufdatum: 12.4.2022).

Stotz, W./Wedel, A. (2009): Employer Branding: Mit Strategie zum bevorzugten Arbeitgeber. München.

Taber, B. J./Hartung, P. J./Briddick, H./Briddick, W. C./Rehfuss, M. C. (2011): Career style interview: a contextualized approach to career counselling. In: The Career Development Quarterly, 59 (3), S. 274–287.

Universum Talent Survey (2016). Universum.

WEF (World Economic Forum) (2018): The Global Gender Gap Report 2018. https://www.weforum.org/reports/the-global-gender-gap-report-2018 (Abrufdatum: 12.05.22).

Wiler, J./Zemp, C. (2014): Der Teilzeitmann: Flexibel zwischen Beruf und Familie. Oberhofen.

Werro, E. (2018): Gruppendynamische Aspekte agiler Frameworks. Agile Teams im Spannungsfeld von Zugehörigkeit, Macht und Intimität. Berlin/Heidelberg.

Wondrak, M. (2014): Biases im HR-Bereich! Wie Sie Unconscious Bias entgegenwirken können. http://www.anti-bias.eu/anti-bias/bias-im-hr-bereich (Abrufdatum: 12.05.22).

Zdziarski, M./Czerniawska, D. (2016): Board homophily, board diversity and network centrality. In: Problemy Zarzadzania, S. 117–133.

Stichwortverzeichnis

A

Altersstereotype 67, 78, 99
Anforderungskriterien für Verwaltungsrats-
   mandate 85
Aufstiegserwartungen 34
Aufstiegshindernisse 40

B

Berufliche Erfahrungen 114
Besetzungspraxis 78, 81, 82
Betriebliche Personal- und Karriere-
   entwicklung 46

C

Career Coaching 59
Career Counselling 126
Career Quick Wins 56, 57
Career Screening 51
Career Talk 56
Chancengleichheit 148
Counselling Canvas 130

D

Development Center 55
Digitale Kluft 99
Digitalisierung 68, 80
Diskriminierung 37, 40, 65, 66, 68, 147
Diversity 13
   — Gruppen 29
   — Kriterien 14
Doing Karriere 30, 32, 96
Drei-Leben-Übung 127

E

Employability 22, 50
Empowering Leadership 70
Entwicklung 61
   — von Frauen ab 45 79
Erwerbsbiografien 34
Executive-Search-Firmen 84

F

Flexibilität
   — von Unternehmen 19
Förderung weiblicher Karrieren 45, 54, 62, 78, 99
Frauen in Führungspositionen 142
Frauenquote 49, 98, 109
Führungsrelevante Kompetenzen 41

G

Gender Gap 76
Genderhierarchie 40
Geschlechterstereotype 39, 50, 62, 85, 98, 99
Gestaltungsspielraum 127
Gleichstellung 76
Gruppendynamik 125

H

Hierarchie 122
Homophilie 85
House of Careers 54

I

Idealtypen 30
Individualisierte Personalentwicklung 70
Individueller Entwicklungsbedarf 55

K

Karriere
   — ab 45 76
   — Begriff 17, 30, 103, 110
   — boundaryless 19, 21, 24
   — moderne 26
   — protean 19, 24
   — traditionelle 19, 26
   — von Frauen 63
Karriereanker 133, 136
Karriereberatung 47, 117
   — kollaborative 119
Karrierefaktoren 22
Karrierefelder 20

Stichwortverzeichnis

Karriereförderung 42, 147
Karrieregestaltung 29, 32
Karrierehindernisse 98
Karriereinterview 135
Karrieremöglichkeiten 43
Karrierenotwendige Kompetenzen 24
Karriereorientierte Lebensplanung 93
Karriereplanung 17, 46, 91, 103
— von Frauen 79, 123
Karrieretypen 25, 30, 33, 96
Karrierezufriedenheit 35, 36, 95
Karrierezugang 23
Kommunikation 122
Kompetenz- und Potenzialanalyse 105
Kündigung 97

L

Laufbahnentwicklung
— ab Mitte 40 36
— von Frauen ab 45 48

M

Machtverhältnisse 86
Mentoring 100, 144
Motivation 71

N

Nachhaltige Organisationsentwicklung 59
Netzwerk 82, 110, 111, 115
— Frauennetzwerk 88, 99
Netzwerken 123, 124, 145
Netzwerkkompetenz 87, 88

O

Old-Boy-Netzwerke 86

P

Partnerschaftliches Familienmodell 92
Personalentwicklung 46, 69, 79
Phasenmodell der beruflichen Entwicklung 120
Potenzial 68

Q

Queen Bee Syndrome 66, 88
Quick Wins 58

R

Reduktion der Arbeitszeit 39
Reflexionsworkshop 60
Risikomanagement 148
Risky Job Positions 97
Rollenspezifisches Verhalten 39

S

Selbstkonzept 133
Selbstmarketing 116, 122
Selbststeuerung 24, 68, 103
Selbstwirksamkeit 137
Self-Leadership 69, 104, 137, 150
— Belohnungsstrategien 139
— kognitionsbasierte Strategien 138
— soziale Strategien 139
Shared Leadership 70
Sinnhaftigkeit der Arbeit 49, 95, 96
Superleadership 70
Systemisches Karrieremodell 127

T

Teilzeitarbeit 66, 149
Theory U 129
Traditionelles Familienmodell 92, 93
Transition 48
Transparenz 82

V

Vereinbarkeit von Beruf und Familie 38, 68, 122, 149
Verhaltensmuster 43
Visualisierung 130, 132
Vorbilder 106, 108, 116, 141

W

Workability 22, 50

Z

Zielvorstellung 115

Das Autorenteam

Prof. Dr. Nicole Bischof, Ostschweizer Fachhochschule, Fachbereich Wirtschaft, Lehrbeauftragte an der Universität St. Gallen; seit 2009 zertifizierter Personal- und Business-Coach, Davos; Kompetenzprofil: Personalentwicklung für die späte Erwerbsphase, Organisations- und Personalentwicklung, Selbstorganisation und neue Arbeitsformen, Teaming, Skills und Gruppendynamik, Self-Leadership.

Prof. Dr. Sibylle Olbert-Bock, Ostschweizer Fachhochschule; Kompetenzprofil: Veränderungen in der Arbeitswelt und in Organisationen, Fachkräftemangel, Kompetenzentwicklung und Personalführung im Rahmen der Digitalisierung, Personal- und Karriereentwicklung, nachhaltige Führung und Unternehmensentwicklung.

Abdullah Redzepi, Dozent/Berater für HR-Management/HR-Development, Ostschweizer Fachhochschule; Kompetenzprofil: unternehmensspezifische Entwicklung von Kompetenz-modellen, Definition von Future Skills, Implementierung nachhaltiger Kompetenzmanagementlösungen und dazu passender Führungstools, Entwicklung agiler, bedarfsspezifischer PE-Programme für Fach-/Führungskräfte.

Ihr Online-Material zum Buch:
Exklusiv für Buchkäufer!

 Ihre Arbeitshilfen zum Download:
▶ www.sp-mybook.de
▶ Buchcode: 5638-FrKa

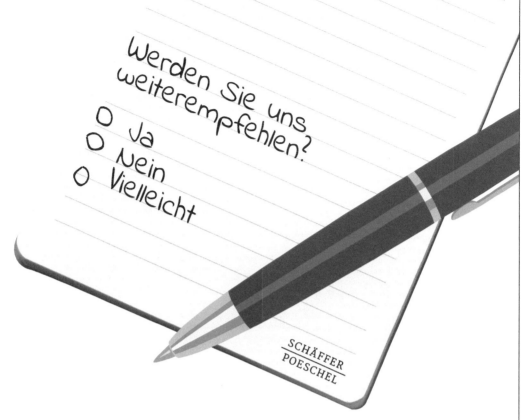

**Ihr Feedback ist uns wichtig!
Bitte nehmen Sie sich eine
Minute Zeit:**

www.schaeffer-poeschel.de/feedback

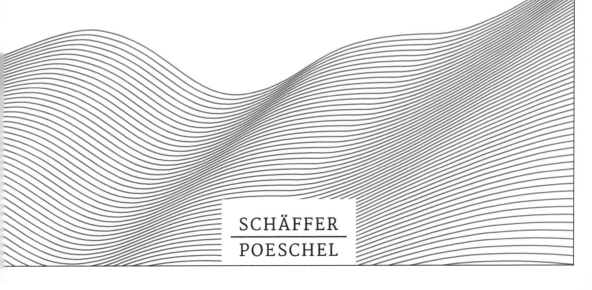